スポーツ学選書・15

伝承文学のなかにスポーツ文化を読む

稲垣正浩

伝承文学のなかにスポーツ文化を読む　目次

1 『イーリアス』下――英雄の死を弔うための墓前競技
ホメーロス著、呉茂一訳、岩波文庫 7

2 『ヒッポリュトス――パイドラーの恋』――狩猟の名人なるがゆえの悲劇
エウリーピデース作・松平千秋訳、岩波文庫 23

3 『仕事と日――農事暦と日の吉凶』――健全な肉体に健全な精神の宿ること
ヘーシオドス著、松平千秋訳、岩波文庫 33

4 『ナラ王物語――ダマヤンティー姫の数奇な生涯』――「威光」を放つ王の身体
マハーバーラタ著・鐙　淳訳、岩波文庫 43

5 『ゲルマーニア』――ゲルマンに源を発するドイツ「スポーツ王国」
タキトゥス著、田中秀央・泉井久之助訳、岩波文庫 53

6 『古事記』――「エロティシズム」みなぎる神々の世界
倉野憲司校注、岩波文庫 75

7 訓読『日本書紀』中下――相撲・蹴鞠・水泳・鷹狩り・闘鶏の最古の記録
黒板勝美編、岩波文庫 95

8 『ベーオウルフ―中世イギリス英雄叙事詩』――「フェア・プレイ」のルーツとキリスト教 109
忍足欣四郎訳、岩波文庫

9 『ローランの歌―狐物語』――バスク民族の「ペロタ球戯」を抑圧・隠蔽するキリスト教文化 123
佐藤輝夫訳、ちくま文庫

10 『ニーベルンゲンの歌』前編――「愛」と「命」を賭けた英雄の求婚競技 147
相良守峯訳、岩波文庫

11 『カンタベリ物語』上下――「最後の審判」と「フェア・プレー」「審判」の誕生 165
チョーサー著、西脇順三郎訳、ちくま文庫

12 『第一之書ガルガンチュワ物語』――乗馬術は王子教育の要 187
フランソワ・ラブレー作、渡辺一夫訳、岩波書店

13 フィンランド叙事詩『カレワラ』上下――「ノルディックスキー」の原風景 207
リョンロット編、小泉 保訳、岩波文庫

14 『新訂 梁塵秘抄』――「遊び」「戯れ」は浄土の世界 231
佐佐木信綱校訂、岩波文庫

『イーリアス』下

ホメーロス著、呉茂一訳、岩波文庫

——英雄の死を弔うための墓前競技

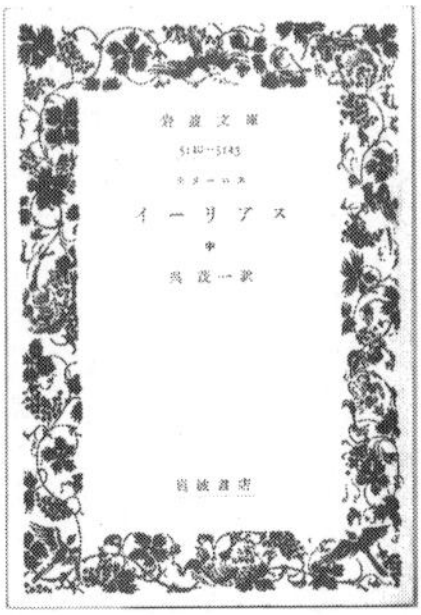

スポーツ史の宝庫

『イーリアス』は『オデュッセイア』と並んでホメーロスの二大英雄叙事詩として広く親しまれているとおりです。とくに「木馬」を使ったトロイ城包囲攻防戦は映画の題材にもなっていて、多くの人びとの口の端にのぼる話題として現代にも息づいています。しかし、これらの叙事詩がいつごろの話で、どのようにして作られたのかというような点については不明な点が多いのです。第一、作者として伝えられるホメーロス自身すら、紀元前5世紀の時点ですでに伝説上の人物となってしまっているくらいです。そんなわけで、『イーリアス』に関する来歴を断定的に述べることはむつかしいのですが、いろいろと異説があることを前提にした上で、いちおう次のように作品と作者の位置づけをしておきたいと思います。

記述文学が生まれるずっと以前の、紀元前15世紀から10世紀にかけて語りつがれていたいろいろのギリシア神話や伝説を、紀元前9世紀頃にホメーロスが英雄叙事詩として集大成したもの、それが『イーリアス』であり、『オデュッセイア』である、と。そして、その後に発展したギリシア文明（その最盛期は紀元前5世紀）とともに後世に及ぼした影響の大きさははかりしれないものがあり、ホメーロスの英雄叙事詩は古典中の古典として不動の地

二大英雄叙事詩

ホメーロス

ギリシア神話

古典中の古典

位を確立している、と。
したがって、現代に伝わるスポーツの大半が近代のヨーロッパを中心に集大成された（ルール化、組織化、国際化など）ことを考えながら、そのルーツをたずねていきますと、最終的にはどうしてもホメーロスの英雄叙事詩にいきつくことになってしまいます。その意味でスポーツ史の視点からも、もっとも重要視しなければならない貴重な資料である、と言わねばなりません。いわばスポーツ史を考えるための宝庫であると言っても過言ではありません。

貴重な資料

葬式の後にスポーツ競技

さて、前置きはこのくらいにして『イーリアス』のなかで語られているスポーツはどのようなものであったのでしょうか。幸いにも『イーリアス』の終りの方に、第23書パトロクロスの葬送および競技、という部分がありますので、ここに焦点をあててみることにしましょう。

葬送および競技

さて人々は哭《な》きながら、優《やさ》しい友の　ま白な骨を
拾い集めて、黄金の器《うつわ》に容れ、脂肉《あぶらみ》を二重に被《かぶ》せて、
陣屋の中に据《す》えて置き、麻の衣で蔽い包んだ。

『イーリアス』

また墳《つか》のため円《まる》く仕切《しき》って、土台の石を　焼場の廻りに
据えわたしてから、直《す》ぐさま地面に　土を運んで盛り上げてゆき、
奥津城《おくつき》の積み終えて、みな　帰ろうとしたのをアキレウスは、
その儘そこに人らを引き留め、広い集座を設けてから、
船陣より　競技の褒美を運んで来させた、釜《かま》や鼎《かなえ》や、
幾匹もの馬やまた騾馬《らば》、勢いのよい何頭もの牛、
あるは帯紐美しい女たち、また灰色の鉄《くろがね》などを。（下・281頁）

競技の褒美

アカイア勢きっての英雄アキレウスが戦闘にたおれた親友を荼毘に付し、お骨を拾い、墓をつくってから、それを手伝ってくれた英雄たちを引きとめて、いよいよ墓前競技のはじまり、というわけです。ここに描かれている墓前競技は、おそらくこんにちに伝わる競技形式の最も古いものの一つであるという点で注目しておきたいと思います。そして、主催者が賞品を出すこと、賞品の多くは掠奪品であること、出場者は自分で名乗りでること、ルール（競技方法）は主催者が決めること、異義申し立てができること、などにもあらかじめ注目しておきたいと思います。

墓前競技

賞品

「戦車競技」の方法と賞品

最初に行われた競技は「戦車競技」です。

「戦車競技」

まず、最初に、脚の迅い馬車を駆る者には、立派な褒美と
して連れてくるよう、技に巧みな、申し分ない女たちを出し、
それに耳形《みみがた》の飾がついた鼎《かなえ》の、二升二合も入ろうものを
一等賞に、またその次に　二等の者への褒美としては、
まだ馴《な》らされぬ六歳駒《ごま》で、騾馬の仔《こ》を妊《みごも》ってるのを、
さらにまた三等賞には、まだ火にかけぬ立派な釜の、
四合ほども中に入《はい》ろう、まだそっくりその儘光っているのを。
また四等賞にと出したのは、二本の黄金《きん》の延《のべ》棒、それから
五番の者へは、二つ執手《とって》の、まだ火に当てぬ杯を置く。（下・281〜282頁）

一等賞

こうして賞品の用意がととのったところで主催者のアキレウスが立ち上がって、出場希望者を募ります。自ら名乗りをあげた出場者名、籤引きによるコースの決定、競技結果の

出場希望者

『イーリアス』

着順をまとめてみますとつぎのとおりです。

出場者（名乗り順）	コース	着順	賞品
エウメーロス	2	5	別の賞品
ディオメーデース	5	1	1
メネラーオス	3	3	2と3
アンティロコス	1	2	なし
メーリオネース	4	4	4

この結果をみとどけた上で、アキレウス（主催者）は、5着に入ったエウメーロスが本当は一番速いのだから彼に2着の賞品を与えたい、と提案します。この提案に対して、2着のアンティロコスから異議申し立てがあったため、アキレウスはエウメーロスに5着の賞品でなく別の賞品（胸甲《むなよろい》）を与えます。一方、アンティロコス（2着）は、メネラーオス（3着）を途中で追い越すときに不正行為があったことをメネラーオスに指摘され、2着賞品も3着のメネラーオスに献上することになります。アキレウスは最後に残った5着賞品を、老齢で競技に出場できなくなった、かつての英雄ネストールに与えます。

不正行為

「ほれ、さあ、御身にもこれを、御老人よ、宝物にさし上げよう、
パトロクロスの葬式　の記念として。
……この賞品は働きなしでさし上げるのだ。……（下・302頁）

こうして一件落着というわけです（精確には、メネラーオスが取り上げた2着賞品も最後にはアンティロコスに返すことになる）。

牛の皮を手に巻きボクシングの試合

2番目に行われた競技は拳闘（ボクシング）です。拳闘のために用意された賞品は、勝者には騾馬《らば》（仕事に我慢の強い騾馬、六歳馬の、まだ初心《うぶ》でもって、馴らすに一番厄介なのを）、敗者には両耳附の酒杯《さかづき》、名乗り出た選手はエペイオス（勇ましげに身の丈優《たけすぐ》れた武夫《もののふ》）とエウリュアロス（神にも比《たぐ》う武夫《ますらお》）、競技の模様はつぎのとおりです。

拳闘

　して先ず褌《まわし》を締めさせてやり、それから今度は曠野に住まう

褌

『イーリアス』

荒牛の皮を　よく裁《た》ち断《き》って作った帯びを渡してやった。
さて両人は褌《まわし》を着けて　競技場の真中に進み出、
面と対って腕を振り上げ、頑丈《がんじょう》な手で　ともども一時に
ふつかり合った、して劇《はげ》しく拳《こぶし》を振るって闘う、その顎《あぎと》からは
恐ろしい歯咬《はがみ》の音が発ち、体中から隈《くま》なく汗が
滴《したた》り流れた。折から、勇ましいエペイオスは突如と躍りかかって、
様子をうかがう対手の　頬桁《ほほげた》を撃《う》つと、もはや長くは
耐《こら》えていれずに、その儘どっと美事に四肢《てあし》を頽《くず》して倒れた。（下・306頁）

牛の皮

この描写のなかでたいへん興味をひく事実は、褌をつけて競技をしていることと牛の皮を手に巻きつけてグラブの代わりにしているという二点です。

全裸競技

「褌」については、古典古代のギリシアの、いわゆるギリシア全盛期（紀元前5世紀）以降の競技がすべて「全裸」で行われていたことはよく知られているとおりですので、いささか不審に思われる読者もおられるかと思います。しかし、全裸競技がいつ頃から、どのような事情ではじまったのか、という点についてはじつは確かなことはわかっていないのです。スパルタ人が異民族の習慣をまねしてはじめたのだ（プラトン）とか、先頭を走ってい

た選手の褌がほどけてしまったのを勘違いして、後につづく選手たちがそれにならって褌を脱いでしまったのだとか、いろいろの説がありますが定説はありません。けれども、ホメーロス時代には「お前の褌をひっぺがすぞ」という脅迫描写が他のところにも見られますように、全裸は恥ずかしいことであり、褌をつけて競技するというのが普通でした。

第二点は「荒牛の皮を　よく裁《た》ち断《き》って作った帯」についてです。グラブを手につけて闘うようになるのは近代ボクシングの時代に入ってからで、そこには自分の手を守り、同時に相手に致命的な深傷を負わせまいとする、明らかに近代のヒューマニスティックな思想的背景をみてとることができます。

グラブ

しかし、ボクシングの原点の一つとみられるホメーロス時代のそれは、スポーツの原初形態を考える上で貴重な資料を提供してくれます。いうまでもなく、ボクシングはレスリングなどと同様にもっとも手っ取り早い「格闘」の手段から発展した「競技」であって、格闘の段階では「素手」で行われました。しかも格闘である以上、たった一回だけの勝負にすべてが（命も）賭けられること、しかも突発的にその必要に迫られるという点が、競技としてのボクシングとは根本的に異なるところです。つまり、実用術としての格闘から競技（広義の遊び）としてのボクシングに移行したその段階で、もっとも傷めやすい手を保護するための「皮紐」が登場します。ホメーロス時代のボクシングはこうした事情を如実に

「素手」

「皮紐」

示してくれるものとしてまことに興味深いところです。

引き分けになった「角力」

三番目に行われた競技は「角力」（レスリング＝パレー）です。賞品は、勝者には「火の上に掛ける、三脚の大きな鼎《かなえ》」（12匹の牛に値する）、敗者には「多くの手技《てわざ》に堪能な一人の女」（4匹の牛に値する）、名乗り出た者はアイアース（テラモーンの子）とオデュッセウス（ホメーロスのもう一つの英雄叙事詩『オデュッセイア』の主人公）、競技の結果は引き分け。競技の模様を抜粋してみますと、

「角力」

引き分け

して二人は、褌《まわし》を着けて競技場の真中へと　進みいで、
互いに対手を　頑丈《がんじょう》な手で抱きかかえて、がっきと組んだ、
——中略——
だが、オデュッセウスも対手《あいて》を倒して、地面に着《つ》けることはできず
アイアースとてもできなかった、オデュッセウスの剛力が持ち耐えたので。
——中略——

地面につける

「もう張り合いは止めにしろ、酷《ひど》いことをして身を痛めるな、
両方とも勝ったものだ、両方同じ褒美を持って
帰りたまえ、他のアカイア人《びと》らも　競技に加わることができるよう。」（下・308〜309頁）

「対手《あいて》を倒して、地面に着けろ」――これが勝負の決まり手のようです。しかし、この前後の描写と合わせて推論してみますと、相手をやみくもに倒して地面に着ければそれで良い、というようなものではなく、しかるべき「投げ技」もしくは「倒し技」があって、その「技」を使って相手を倒し、地面に着けなければならなかったようです。ちょうど、柔道の「立ち技」に近いものがホメーロス時代のレスリングだったようで、「寝技」はこの『イーリアス』でみるかぎりまだ行われていなかったようです。

もう一点、主催者のアキレウスは「引き分け」宣言をしていますが、その理由は、勝負が長びいてアカイア人らが嫌気《いやけ》を起こしてきたこと、これ以上闘いを続けるとどちらかが大ケガをしかねないこと、途中で打ち切って他の競技に移る必要があったことの三つが考えられます。時代がくだった紀元前6世紀頃のオリンピア祭（古代オリンピック競技会）では「引き分け」のルールはなく、いずれかが勝つまで行われています。

つまり、制限時間なしの一本勝負というわけです。したがって、極端な場合には二日間

『イーリアス』

決まり手
「投げ技」
一本勝負

にまたがって競技が続行されたということもあったわけです。このような事実から推察してみますと、多分、ホメーロスの時代にも正式には制限時間はなかったはずで、アキレウスは墓前競技として予定していた残りの競技ができなくなってしまうことを危惧して、引き分けを宣言したものと思われます。あるいはまた、墓前競技は死者を悼む主催者の権限が大幅に認められていて、必ずしも勝敗の決着をつけなければならないものとは考えられていなかったようにも思われます。

いわれのある美事な壺が賞品

四番目に行われた競技は「ランニング」、そして五番目に「一騎打ち」、六番目は「鉄塊投げ」（砲丸投げ）、七番目「弓」、八番目「槍投げ」と続きます。紙数の関係で、以下簡単に、それぞれの賞品と参加者と競技結果について整理しておくことにします。

ランニング

四番目の競技：「ランニング」

賞品：一等賞＝「錺《かざ》りをつけた　白銀の混酒器《クラーテール》」。

この賞品のいわれが大変興味深いですし、いろいろの連想を可能にすると思われますので、少し長くなりますが引用してみたいと思います。

……六合ほどを
容《い》れる器《うつわ》で、美事さでは　この世界中でも遥かに
擢《ぬき》んでていた、技工《たくみ》に優れたシドーン人《びと》の立派な細工《さいく》で。
それをポイニーニアの商人《あきんど》が、遥かに霞む海原の上を
運んで来て港に上《のぼ》せ、トアース王への　贈物《つかいもの》にしたのを
イアーソンの子エウネーオスが、またパトロクロスの殿へと、
プリアモスの息子リュカーオーンの　値《あたい》として渡したものだが、
この壺を　いまアキレウスが自分の友のための競技へ、賞品として、
脚の迅《はや》さで、いちばん優れている者のため　据え置いた。（下・309～310頁）

二等賞＝牡牛。
三等賞＝黄金《こがね》の錘《おも》り半本。
参加者：アイアース、オデュッセウス、アンティロコス。

『イーリアス』

競技の結果：名乗り順に2着、1着、3着。
総大将のアガメムノーンは不戦勝

五番目の競技：「一騎打ち」
賞品：勝者＝銀金具を打った剣（アステロパイオスから奪った、美事なトレーキア製もの）。
　両者（勝者と敗者）＝手槍、楯、兜（この競技を行うために主催者が提供したもの）。
参加者：アイアース、ディオメーデース。
競技結果：引き分け（見物人が引き分けを要求）。

六番目の競技：「鉄塊投げ」（砲丸投げ）

「鉄塊投げ」

賞品：鉄塊（この競技に使ったもの、「坩堝《るつぼ》から出たままの形、これは昔力の大層強いエーエティオーンが、投げていたもの、だが、脚の迅い勇ましいアキレウスが彼を殺して、この塊を他の財《たから》と一緒《ひとこと》に船に積み込んで運《はこ》んで来た。」）
参加者：ポリュポイテース、レオンテウス、アイアース、エペイオスの四名。
競技の結果：ポリュポイテースの優勝。

七番目の競技：「弓」
賞品：勝者＝十個《とお》の両刃《もろは》の斧、敗者＝十個《とお》の片刃の斧。
参加者：テウクロス、メーリオネース。
競技の結果：メーリオネースの勝。

この競技の的には生きた鳩が使われています。

八番目の競技：「槍投げ」
賞品：「まだ火に当てぬ懸釜《かけがま》の花の模様を沢山つけ、牛一匹の値のもの……」。
参加者：アガメムノーン、メーリオネース。
競技の結果：不戦勝でアガメムノーン。

アガメムノーンはこの物語『イーリアス』の主人公で、ギリシア軍の総大将です。主催者アキレウスはそのことを配慮してか、「アトレウスの子よ（アガメムノーンのこと）、みな何《ど》れほどに、御身が衆に優れているか、また力においても投げ方でも第一等かは、我々がよ

「弓」
「槍投げ」

く承知したこと」として不戦勝を宣言しています。

競技種目はケースパイケース

以上が墓前競技として行われた8種類の競技のあらましです。墓前競技とは言っても特定の形式があったわけではなく、死者を弔うために催される競技会という程度のもので、行われる競技種目も定まっていたわけではないようです。同じこの物語のなかで、ネストールがアマリュンケウス王の墓前競技会に参加したときの回想によれば、その時の種目は拳闘、角力、競走、槍投げ、競馬（馬車競技）の5種目です。墓前競技というのは、そのつどケース・バイ・ケースで行われた、というのが実情のようです。

ケース・バイ・ケース

以上、『イーリアス』のなかで描かれた墓前競技に焦点を当ててみましたが、初めにもお断りしましたように、ホメーロスの英雄叙事詩はスポーツ史の宝庫ですので、まだまだ取り上げなければならない話題がたくさんあります。

たとえば、当時の「競技観」や「身体観」、さらにはそれらにまつわる風俗・習慣などがあります。ここでは、それらのほんの一部を紹介したにすぎません。いずれまた稿をあらためて紹介してみたいと思います。

競技観

『ヒッポリュトス』――パイドラーの恋

エウリーピデース作・松平千秋訳、岩波文庫

――狩猟の名人なるがゆえの悲劇

狩猟の名人ヒッポリュトス

この有名なギリシア悲劇をスポーツ史のサイドから読み解く立場としては二通りあろうかと思います。一つは、悲劇の主人公ヒッポリュトスが狩猟の名手であり、当時の典型的なギリシア的スポーツマンであった、という観点からです。もう一つは、主人公ヒッポリュトスの母は、あのアマゾンの女性軍団（アマゾネス軍団）を率いてギリシア各地に襲撃をかけたヒッポリュテーであった、という観点からです。

今回はこの二つをライト・モチーフにしてこの悲劇を読み解いてみたいと思います。

ヒッポリュトスが、持って生まれた素質にも恵まれて、幼時から青年にいたるまで狩猟ひとすじにうちこみ、狩猟の女神アルテミスのみを重んじて独身をつらぬき、愛の女神アプロディーテーを軽んじたことからこの悲劇は始まります。まずは、この物語の冒頭から登場する愛の女神アプロディーテーの言い分から聞いてみることにしましょう。

アプロディーテー　これなるは天上下界を問わずその名の隠れもない
女神キュプリスであるぞ。

狩猟の名手

アマゾネス軍団

愛の女神

黒海の涯《はて》よりアトラースの海の限る境に到《いた》るまで、
この世に生を享《う》けて住まう人間のうち、
わが神威を怖《おそ》れうやまうものは栄えさせるが、
いやしくもわれに向って思い上った振舞いをいたすものはことごとく打ち倒す。
神といえど、人間にうやまわれてうれしく思う、
そのような情に変りはない
わが言葉に偽りのない証拠《しょうこ》はやがて示すであろう。
かく申すは、かのテーセウスの倅《せがれ》、アマゾンを母にもつヒッポリュトスめは、
信心深いピッテウスに育てられながら
われをば最も忌わしい神と呼び、
愛の喜びを卑《いや》しめて独《ひと》り身《み》を守っている。――
かかる人間はこのトロイゼーンの国にもほかにはおらぬ。（5〜6頁）

神威

この、あまりにも人間くさい女神のセリフに思わずわが目を疑ってしまいます。この作品の書かれたのは紀元前428年ですから、その時代のギリシア人たちの神々によせる意識はこれほどまでに人間臭い、ごく身近なものであったということがわかります。

紀元前428年

ヒッポリュトスの母は「アマゾネス軍団」のリーダー

ヒッポリュトスの父テーセウスは都市国家アテーナイの礎をきずいたといわれるすぐれたリーダーでした。テーセウスは、かれがまだ若かったころ、ヘーラクレースの第九番目の偉業といわれる「アマゾンへの遠征」（ヒッポリュテーの帯を奪い取るため）に随行します。そして、その地でヒッポリュトスの母となるヒッポリュテーに出会います。

この「遠征」の目的は、ヒッポリュトスの母ヒッポリュテーの率いる女性軍団があまりに強力であるために、ヒッポリュテーの所有する「アレースの帯」を奪い取って、この勢力を押さえこもう、というところにありました。それも当代きっての英雄ヘーラクレースでなければこの職務は果たせないだろうと考えられていたわけです。それほどにこの「アマゾネス軍団」は恐れられていたという次第です。

伝承によれば、アマゾンの女性たちは男性をすべて排除した女性だけの「王国」をつくり、外敵にたいしてはみずから武器をとって闘ったといいます。のみならず、まことに好戦的で強力、しかも神出鬼没であったといいます。近隣諸国をふるえあがらせるほどの戦闘能力をもっていたというのですから、日ごろから相当に鍛錬していたに違いありません。

「アマゾンへの遠征」

「アレースの帯」

女性だけの「王国」

たとえば、アマゾンの女性たちは弓を射るために邪魔となる右の乳は切り取ってしまったといいます。子孫を残すためにある特定の期間だけ男性を迎えいれ、生まれた子どものうち女の子だけを養育し、男の子は父親のところに送りとどけたということです。

こうして、ヒッポリュトスは「男の子」であったがゆえに父テーセウスのもとに送りとどけられてきたというわけです。そして「信心深いピッテウス」に育てられます。が、このピッテウスはテーセウスの母方の祖父で、古代ギリシアの賢人の一人に数えられている人物です。そのピッテウスの父はペロプスです。

ペロプス

狩猟の女神アルテミスへの忠誠

ペロプスといえば、オイノマオス王に求婚競技（戦車競技）をいどみ、これに勝利してその娘ヒッポダメイアを娶ったあの英雄です。ペロポネソス半島という名の由来はこのペロプスによるといわれていますし、一説によれば、古代オリンピック競技として知られるオリンピアの祭典競技の始まりもまたペロプスのこの故事によるともいわれています。

求婚競技

ここまでたどっていきますと、ヒッポリュトスが、たんに母方の勇猛果敢さだけをひきついだ並みはずれたスポーツマンであったというだけではなく、由緒正しい、血統書つきの、エリート中のエリートであった、ということがわかってきます。もっとも、だからこそ悲劇の主人公となりえたのだということにもなります。

さて、もう一度、アプロディーテーの言い分に耳をかたむけてみることにしましょう。

アポローンの妹、ゼウスの御娘アルテミスをば
最高の神とあがめ、
常にその処女神の供《とも》をして——
まことに人間の身には過分の交わり——
足ばやの犬を引きつれ緑の森を狩り暮す、
だがそれはわれにかかわりのないことゆえ、とやかく申すまいが、
ヒッポリュトスめがわれに向って働いた無礼の数々は、
今日この日きっと罰してやりましょうぞ。
前からいろいろ準備を重ねてきたゆえに、
さほど手間《てま》はかかりませぬ。
と申すは、以前ヒッポリュトスが、（エレウシースの）尊い秘儀に与《あずか》ろうと、
ピッテウスの館《やかた》を発《た》って、パンディーオーンの国に参った折に、

エリート

アルテミス

秘儀

父王の貴《とおと》い妃パイドラーが
彼を見染めて怖ろしい恋の焔に
身を焦《こ》がすにいたったのは、すべてわが企《たくら》みによるのである。（6頁）

愛の女神アプロディーテーの言い分はきわめて単純で、ヒッポリュトスが狩猟の女神アルテミスだけを崇め奉り、「人間の身には過分の交わり」をすることに熱中していて愛の女神である自分を無視するという許しがたい無礼をはたらいている、だから、その罰を与えてやるのだ、というわけです。そして、父王の妃パイドラー（ヒッポリュトスにとっては義母）の心にヒッポリュトスにたいする恋をめばえさせ、ついには恋の焔に恋い焦がれるようにさせ、ヒッポリュトスをピンチに追い込んでいきます。しかし、ヒッポリュトスは脇目もふらず狩りに専念しています。そこでパイドラーもまた狩りに出ようと、だだをこねます。

狩猟と「恋の鞘当て」と

パイドラー　（急に狂おしく床の上に起き上がって）
　さあ山へ連れて行って頂戴。

『ヒッポリュトス』

狩の犬が、斑毛《まだらげ》の鹿を追って
駈けめぐる、
樅《もみ》の林へ登りましょう。
おお、矢も盾《たて》もたまらない、犬をけしかけ、
右手にもった投槍を
この金髪のあたりに構《かま》えて
なげてみたいこと。

乳母　姫様、どうしてまたそんな望みをおこしなさいます。
女の身に狩のことなどとんでもない。（20頁）

こうして、パイドラーはなんとしてもヒッポリュトスに近づいて恋の思いを打ち明けようとします。が、これもかなわず乳母にとめられてしまいます。「女の身に狩のことなどとんでもない」という次第です。やはり古代ギリシアでも、狩りは女性の踏み込む領分ではなかったようです。ついには恋の鞘当てとばかり、わが恋の実らない腹いせをヒッポリュトスにぶっつけます。すなわち、パイドラーは、ヒッポリュトスに凌辱されたという偽りの遺書をのこして自殺してしまいます。父王テーセウスはこの遺書を信用して、ヒッポリ

投槍

女性の踏み込む領分外

ユトスを国外に追放し、ポセイドンの呪いまでかけます。呪いをかけられたヒッポリュトスは自分の乗っていた戦車に轢かれて死んでしまいます。

この二人の死が弔われたのちに、テーセウスはことの真相を狩りの女神アルテミスから聞かされ、みずからの罪を恥じて命を断ちます。神々の呪いによって人間のみにくい争いが繰り広げられ、さいごにはあたら命を無駄にしていく、お決まりの典型的なギリシア悲劇です。

神々と人間との交信

ここまできて少し気になる問題がわたしの脳裏をよぎります。それは古代ギリシアにおける神々と人間との交信の問題です。これを古代ギリシアの神話である、といって済ますわけにはいかないなにかをそこに感ずるのです。このアニミズム的ともいえる古代ギリシアのコスモロジーがふくみもつ本来の意味というものを、もう少し謙虚に考え直す必要があるのではなかろうか、というのがいまのわたしの率直な感想です。

なぜなら、だれもが容易に神々と交信できるわけではなく、ある特定の能力を賦与された人間だけがそれを可能としているという事実（すぐれたスポーツマンもこのなかに含まれる）

をどう考えたらよいのか。さらには、神との交信をとりもつ「供犠」の問題についても、これをたんなる迷信であるといって済ますことはできません。これらの問題についてあれこれ思いをめぐらしていきますと、この先に広がる奥行きの深さに茫然としてしまうほどです。いわゆる古代の「マジック」の世界というのは、いまのわたしたちが思っているほど単純ではないと思われるからです。

　これらの問題については、いずれ機会をみて、別のテクストにもとづいて考えてみたいと思います。

『仕事と日』——農事暦と日の吉凶

ヘーシオドス著、松平千秋訳、岩波文庫

——健全な肉体に健全な精神の宿ること

ヘーシオドスは葬祭競技の優勝者

古代ギリシアの実在を確認されている最古の叙事詩人ヘーシオドス（Hesiodos 前8世紀末）の作品『仕事と日』を今回はとりあげてみました。古代ギリシアの英雄叙事詩『オデュッセイア』や『イーリアス』で知られるホメーロスが謎だらけの人物で、じつはその実在すら疑われているのに対し、こちらのヘーシオドスはその出自がはっきりしています。ヘーシオドスには『神統記』という作品もあって、このなかでも自分の出自についてははっきりと語っています。

ヘーシオドス

『神統記』

が、ヘーシオドスの実在を決定づけたのは、かれが葬祭競技に出場して優勝し、その時にもらった三脚釜を『ギリシア案内記』で知られるパウサニアス（Pausanias 2世紀後半）が確認しているからです。もっとも、ヘーシオドスが葬祭競技に優勝したといっても、それは運動競技ではありません。かれのもっとも得意とした「歌くらべ」の競技です。この競技のことが、この『仕事と日』のなかにも語られていますので、まずはそこからみていくことにしましょう。

「歌くらべ」の競技

わしはこれまで、広漠たる海を船で渡ったことは一度しかない、
その一度とはアウリスからエウボイアへ渡った時――そのかみアカイア勢が、
聖なるヘラスから、美女の国トロイエーに向かうべく大軍を集め、
嵐の熄《や》むのを待っていたそのアウリスのことだが、
ここからわしは、英邁《えいまい》の王アンピダマースの葬いの競技に加わるべく、
カルキスに渡った。豪毅の王の息子らは、
莫大な賞品を予告し賭けてくれたが、あえていう、
その折の競技で、わしは歌競べに勝ち、把手《とって》のある三脚釜《がま》を見事手に入れたのじゃ。
その釜はヘリコーン山のムーサたちに奉納した、
ムーサたちが始めて、わしを妙《たえ》なる歌の道に導いて下されたその場所でな。（86〜87頁）

葬いの競技

賞品

葬祭競技とオリンピアの祭典競技

偉大な王や英雄が死んだ時には、その威徳をしのんで葬祭競技をおこなうのが古代ギリシアではごく普通のことでした。そのことはホメーロスの作とされる『イーリアス』にも描かれています。英雄としてその名をとどろかした死者の霊を競技会を催すことによって

鎮めようというわけです。が、その他にも、死者の「形見分け」や、世代交代の「お披露目」の意味もあったようです。いずれにしても、古代ギリシアではかなり古い時代から「葬祭競技」がおこなわれていたようです。一説によれば、古代オリンピアの競技祭もこの「葬祭競技」が発展したものだといいます。

「形見分け」

ちなみに、古代オリンピアの競技祭はゼウス神への祭祀儀礼の一環としておこなわれたとうのが定説であり、その意味で「祭典競技」と呼ばれています。しかし、ゼウス神への信仰の根底には「ギリシア人はゼウス神の子孫である」という考え方がありますので、その意味では「祖先霊」への信仰と重なるものがあるように思います。ですから、古代オリンピア競技祭のなかにはむかしからの「葬祭競技」の性格がかなり色濃く残っていると考えてよいようです。

「祭典競技」

なお、古代オリンピアの競技祭が始まったのは前７７６年ということですので、ヘーシオドスはその直前まで生きていた人としても注目すべきでしょう。つまり、ヘーシオドスの時代の「歌くらべ」の競技とはどのようなものであったのか、そして、それがどのようにおこなわれたのかという点で重要です。この点については、この『仕事と日』のなかに『ホメーロスとヘーシオドスの歌競べ』という小編が収められていますので、それを手がかりにしてある程度は知ることができます。

前７７６年

『ホメーロスとヘーシオドスの歌競べ』

この『ホメーロスとヘーシオドスの歌競べ』という作品がだれのものであるかという点についてはまだいろいろと議論のあるところのようです。しかし、訳者解説によれば、この小編に最初に注目し、それを厳密な文献学的方法によって検証しようとしたのは、かの哲学者ニーチェ（かれはもともとは古典文献学者としてスタートした）でした。かれによると、この作品は「前4世紀の高名な弁論家・修辞学者であったアルギダマースの著書『ムーセイオン』に由来する」としています。もし、この説が正しいとしたら、この作品の史料的価値はきわめて高いということになります。

このような論議はともかくとして、この小編によりますと、ホメーロスとヘーシオドスの「歌くらべ」はつぎのようにおこなわれたことになっています。

ニーチェ

……ガニュクトールなる者が、その父なるエウボイアの王アンピダマースの葬礼競技を催すべく、当時の名だたる人物たちをあますことなく——強力《ごうりき》、駿足を誇る者のみならず、叡知の誉れ高き者をも加え、莫大な褒賞を賭けて競技に招集した。

葬礼競技

莫大な褒賞

『仕事と日』

さて二人の詩人は、話によればそれはまったく偶然であったというが、途中で出会い、揃《そろ》ってカルキスに着いた。競技にはカルキスの名士たちが審判の座についたが、死没した王の弟であるパネーデースもそれに加わった。二人の詩人は見事に技を競った後、次のごとき経過をたどってヘーシオドスが勝利を納めたという。すなわち、ヘーシオドスが競技場の中央に進み出て、ホメーロスにむかって次々に質問をかけ、ホメーロスがそれに答えたという。（115頁）

「歌競べ」の内容は？

この「葬礼競技」では、「強力、駿足を誇る者」によるレスリングやボクシング、そして各種のランニング競走と同時に、「叡知の誉れ高き者」による「歌くらべ」がおこなわれたことがわかります。この形式はそっくりそのまま古代オリンピアの「祭典競技」に引き継がれていきます。ここで違うのは「莫大な褒賞を賭けて」競技した点です。すぐれた競技者をたくさん集めて盛大な「葬礼競技」をおこなうということになれば、やはり「莫大な褒賞」が必要なのは古今東西変わらぬ原則のようです。

問題の「歌くらべ」は土地の名士たちと王弟パネーデースが審判となり、予選を勝ち抜

「叡知の誉れ高き者」

審判

いたホメーロスとヘーシオドスとが決勝に進んだように推測できます。ただ、残念なことにどのように予選がおこなわれたかはここでは不明です。が、決勝ラウンドはきわめて詳細に描写されていますので助かります。

問答

二人はまず競技場の中央で相対し、ヘーシオドスがホメーロスに向かって質問をし、ホメーロスがそれに答えるという形式をとっています。その問答の内容はどのようなものであったのでしょうか。

さて、ヘーシオドスがいうには、
メレースが一子、神々より叡知を授かりたるホメーロスよ、
語ってくれ、死すべき人間には何がもっとも良いことか。
ホメーロスは答えて、
地上に住む者にとっては、それぞれ生まれぬことがもっとも良い、
生まれたからは一刻も早く冥王《ハーデース》の門をくぐることじゃ。（116頁）

「智慧くらべ」

これはまさに哲学問答です。このような問答がえんえんと続きます。これはもはや「歌くらべ」と呼ぶよりは「智慧くらべ」と呼んだほうがよいようです。つまり、「叡知の誉れ

高き者」の競技というわけです。このような問答のなかに、つぎのような身につまされる一節があります。

　ヘーシオドス
いかにして、またいかなる心がけによりて国はもっともよく治まるものぞ。
　ホメーロス
国人《くにびと》が醜き手段を用いて利を得んとせず、善き人は尊ばれ、悪人には懲罰が降《くだ》される時じゃ。
　ヘーシオドス
神々に祈願するにもっとも善きことは。
　ホメーロス
常に、またいつまでもおのれ自身と睦《むつま》じくあることじゃ。
　ヘーシオドス
もっとも良きこととは何か、そなたは一言にしていえるかな。
　ホメーロス
わしの思うには、人間の肉体に優れたる精神の宿ることじゃ。（127〜128頁）

人間の肉体に優れたる精神の宿ること

「健全なる肉体に健全なる精神が宿る」の典拠は？

いまの日本の社会に生きるわたしたちにとってもまことに教訓的な言説が続きます。そして、さいごに、どこかで聞いたことのあるセリフが飛び出します。そうです。「健全なる肉体に健全なる精神が宿る」という例のあれです。このよく知られた俚諺はローマの諷刺詩人ユベナリウス（D.J.Juvenalis 60?—140?）の詩句が最初であるとされています。しかも、この詩句を広く知らしめたのはイギリスの哲学者スペンサー（H.Spencer 1820~1903）で、かれの著した『知育・徳育・体育』という本の扉にこの俚諺が書かれたからであるといわれています。しかし、スペンサーはこの時ひとつの誤りを犯してしまいます。もともと、ユベナリウスの詩句には「健全なる肉体に健全なる精神が宿ることこそ望ましけれ！」とあったものを、さいごの「ことこそ望ましけれ！」という部分をカットしてしまったのです。以後、スペンサーの「三育論」が広まるとともに「健全なる肉体に健全なる精神が宿る」がひとり歩きをはじめ、こんにちに至っているというわけです。しかし、ニーチェのいうアルキダマースの著書『ムーセイオン』に由来するという説が正しいとすれば、ローマのユベナリウスの時代よりもはるか前の、古代ギリシアの時代にすでに「人間の肉体に優れ

ユベナリウス
スペンサー

たる精神の宿ること」がひとつの理想（「もっとも良きこと」）としてかかげられていたという
ことになります。そして、ユベナリウスはそのことを十分に承知していたのではないかと
思われます。

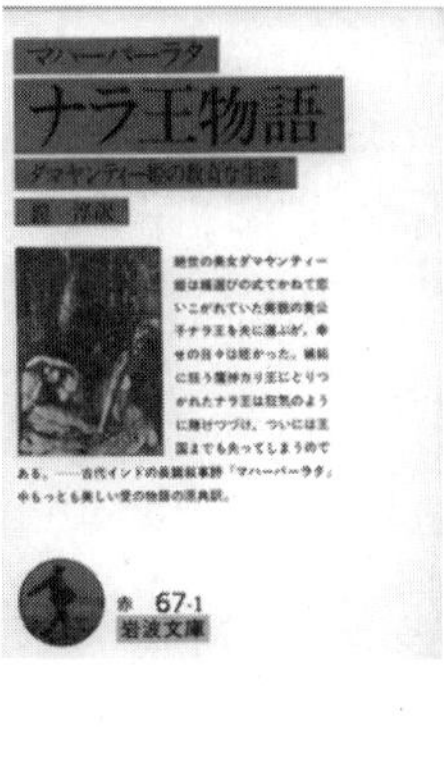

マハーバーラタ『ナラ王物語』——ダマヤンティー姫の数奇な生涯

鐙 淳訳、岩波文庫

——「威光」を放つ王の身体

紀元前6世紀のインド・バラモンの伝承

「マハーバーラタ」はインド・バラモンによって伝承され、編述された古代インドの叙事詩です。その「マハーバーラタ」のなかに収められている『ナラ王物語』はおよそ紀元前6世紀頃にはできあがっていたと考えられています。その『ナラ王物語』がこのたび訳出され、これまで遠い存在でしかなかったバラモンの世界が、まだその一部とはいえ身近なものになりました。バラモンは「いつの時代にも，甚だ広汎な地域に亙って優勢を誇ってヴェーダ祭式と、その宗教についての練達者、また知的精神的指導者であった」と言われますように、インドを中心とした古代宗教に大きな影響を及ぼしてきています。今回は紀元前6世紀のバラモンの世界に分け入ってみようというわけです。

古代インドの叙事詩

バラモン

ストーリーは絶世の美女ダマヤンティー姫の婿選びからはじまり、ナラ王との出合い、結婚、幸せな生活、とトントン拍子に展開します。が、さいころ賭博で失敗したナラ王は王国を奪われ、さすらいの旅に出ます。それでもなお幾多の艱難辛苦を克服して、ついにさいころ賭博の奥義をきわめ、再び王国をとりもどし、幸せな生活に戻る、という物語です。おもしろいのは、神さまたちがしばしば天上界から人間の世界に下りてきて、人間の

婿選び

さいころ賭博

運命に決定的な影響をあたえる、と考えられていることです。祭式を執り行い、神に祈るということが、いかに人びとの生活に身近な切実ないとなみであったか、ということがよく分かります。たとえば、さいころ賭博の勝ち負けを決するのも神さまのなせる業である、と考えられていたのですから。

神に祈る

さいころ賭博を支配する神のいたずら

カリ王はナラ王の身体に取り憑いた後、姿を変え、プシュカラ王子の許に出かけて行って、プシュカラ王子にこのように申しました。

カリ王

「さあ、ナラ王と賭《かけ》をするんだ。賽子賭博《さいとばく》で御身はナラ王に勝を占めよう。というのは、御身にはわしが付いているからだ。ナラ王から王権を勝ち取り、ニシァダ国を我が物にするがよい。」

王権

プシュカラ王子はといえば、カリ王にこういわれたのでナラ王の許に赴き、カリ王もまた、役牌に姿を変えて、プシュカラ王子につき従いました。（42頁）

『ナラ王物語』

カリ王とは天上界に住む魔王のことで、嫉妬深い神さまの一人です。カリ王はダマヤンティー姫に首ったけで、姫の婿選び式に馳せさんじたのですが、それに間にあわず、すでに神ならぬ人間のナラ王が選ばれたと聞いて嫉妬に狂います。かれはナラ王にとりついて仕返しをしようとそのチャンスを狙いますがなかなか果たせず、12年目にしてやっとそのチャンスをつかみます。そのきっかけというのが、なんとナラ王が「小用をたした後、手、口をすすいだまま、両足の浄めをせず、朝夕のお勤めをした」からだというのです。祭式がいかに重きをなしていたかがよく分かります。

両足の浄め

敵将を仕留める兵との異名をもつ弟プシュカラ王子はといえば、偉丈夫ナラ王の許に着くと、「二人で賭をしよう。この役牌で」と、繰り返し、繰り返し促しました。すると誇り高いナラ王は、ダマヤンティー妃が目でじっと見詰め、合図しているにも関わらず、その挑戦を堪え切れなくなりました。王は、今が賭どきだと思ったのです。

今が賭どき

カリ王に取り憑かれたナラ王は、黄金、貴金属や、乗物、馬、衣服を賭けて、負けてしまいました。しかし、戦では常勝の王が賽子の熱に浮かされて、賭け続けるとあっては、友人たちの誰も王を止めることはできなかったのです。（42頁）

王は賭け事の名人でもある

賭の挑戦

この物語のなかには、王が賭の挑戦をうけてたつ描写が何回となく出てきます。そして、賭に強いということも王としての重要な資質であることが説かれています。ここでは、弟が兄に賭を挑んでいます。魔王に取りつかれた兄は負けつづけ、ついには王国までも弟に取られてしまいます。一国の王のレベルで行われる賭は戦に代わる争いごとの解決方法の一つだったのではないか、と思われるような描写が他のところにも出てきます。賭の悲惨さはむかしもいまも変わりないと思われますが、時代や社会によっては、紛争による悲劇を最小に食い止めるための知恵の所産でもあったようです。

知恵の所産

この物語のさいごのところで、こんどは兄が弟に挑戦する描写が出てきます。

一回勝負

「もう一度、二人で賭をしよう。多くの財物が手に入ったのだ。ダマヤンティー妃と、他に、余の手に入ったなにがしかのものが余の抵当。片や、お前には、プシュカラ王子よ、奪い取った王国が抵当だ。もう一度、賭博をやろう。こう、余は心を決めているのだ。一回勝負で、それに、――お前につきが回ればよいのだが――命もかけようではないか。〝打ち勝って、王国であれ、財宝であれ、他の資産を奪い取ったるときは、報復の勝負を受くべし〟というのが、世にいう無上の掟。もし、お前が賭を望まぬなら、干戈《かんか》に

訴えて勝負を決めよう。王子よ。戦車での一騎討ちで、お前か、余かの決着がつくようにしよう。（168頁）

こんどは兄が賭に勝利を収め王国を取り返します。そして、弟の命は助けてやり、二人は仲良く平和に暮らしました、というところでこの物語は終わります。それにしても、賭か、戦車での一騎討ちか、しかも「命」まで懸けて繰り広げられる兄弟間の紛争がごく当然のこととして語られているあたりに、紀元前6世紀という時代を感じさせられます。時代をさかのぼればさかのぼるほど、賭ごとの重要性は大であったようです。

「威光」を放つ身体

昔、ナラという王子がありました。ヴィーラセーナ王の御子《みこ》で、たくましく、身に望ましい美質を具え、眉目秀麗で、調馬に長《た》けておりました。美丈夫ぶりでは、あたかもインドラ神が神々の筆頭の座を占めるように、王たちに抜きんで、威光では、さんさんと輝く日輪のように、諸々《もろもろ》の王をはるかにしのいでおりました。バラモンを敬い、ヴェーダ聖典に通じた威《たけ》けき武士《もののふ》、ニシァダ国の王であり、賽子《さい》をたしなみ、不快虚飾の言

戦車での一騎打ち

紀元前6世紀

調馬に長ける

を語らず、由々《ゆゆ》しき大将軍でした。気高く、克己の人、世の男女のあこがれの的で、弓矢取るもののこよなき庇護者、さながらマヌそのものを目《ま》のあたり見るかのごとくでした。（11頁）

理想のリーダー像

プリハドアシュヴァ仙は語り始めました――、という出だしで始まるこの物語の冒頭部分の引用です。物語の主人公ナラ王がことばの粋をこらして褒め讃えられています。この時代の理想のリーダー像がみごとに描き出されているといってよいでしょう。王たる者の条件が万遍なく語られているようですが、よくよく読み返してみますと面白いことに気づきます。一般に古代の王は、武勇に秀でることが第1の条件であるかに思われがちですが、必ずしもそうとも言えないのではないか、ということです。先の引用からも伺い知ることができますように、武勇に関する賛辞は「調馬に長けて」という部分だけです。それよりももっともっと強調されていることは、まずは王の身体的な「美形」であり、日輪のようにひかり輝く「威光」です。つまり、一目見ただけで常人とは異なる、際立った美形であり、他を圧倒するような威光が、王の条件としては優先されていたのではないかと思われます。もの言わずとも、あるいは闘わずとも、衆を制することのできる威力を身に具えていることが、古代の王にとってはより重要であったのではないかと思われます。

「威光」

武人たる者は「調馬」に秀でること

そのことはダマヤンティー姫の婿選びの式をとおしても伺い知ることができます。つまり、この式を目指して多くの婿候補が集まってきますが（このなかに神々も含まれる）、婿同士が武勇を競うということはなく、姫が一方的に指名をしておわりです。たとえば、つぎのような描写があります。婿候補のつもりで集まってきた「四方の守護神たちは、燦然と輝く太陽にも似た神々しいナラ王を見て当初の望みも消え失せ、王の美貌に茫然といたしておりました」（20頁）という描写です。神々ですら茫然としてしまうほどの美貌と威光が、雌雄を決するまでもなくすべてを語っているという次第です。

婿選びの式

美貌と威光

「わたくしは調馬に巧みでございます。地上で、わたくしに並ぶものはございません。それにまた、手に負えない難問や駆け引きには、わたくしにご相談あって然るべきものでございます。食べ物の調理も、他の人々に優って存じております。この世にございます技芸百般や、その他、極めて難儀なことなど、なんなりとなしとげるでございましょう。リトゥパルナ王よ。わたくしをお抱えください。」（101頁）

技芸百般

この部分は賭に負け、王国を追われたナラ王が身分を隠して別の王国に仕官するときの売り込みの口上です。彼はまずもっとも得意とする「調馬」を売り込み、ついで難問解決、調理、技芸百般に秀でていることを売り込みます。技芸百般の内容がわからないのが残念ですが、中国古代の技芸がよく知られていますので、ある程度の推測は可能です。それよりも、ここでは「調馬」の中身に注目したいと思います。ナラ王はヴァーフカという偽名をつかって調馬師として雇い上げられることになります。そして、彼がいかに調馬の術に長けているかという描写はつぎからつぎへと出てきます。

調馬の術

よい馬の条件とは？

……肥満しておらず、十分の力があり、行路に耐える馬たちを選び出しました。精悍《せいかん》で脚力も備わり、毛並み良く、飼育も行き届いており、貧相ならず、鼻孔広く、顎骨《あごぼね》は張り、純良種で、胸部以外の場所に十個の旋毛《つむじ》をもち、疾風のように駿足の、シンドゥ地方産の馬でした。（126頁）

純良種

『ナラ王物語』

これが当時の良い馬の条件であったようです。ここでも立派な王の条件とよく似ていて、外見が重視されています。

当時の「調馬」は、馬を飼育し、調教するだけではなく、馬を御することも意味していました。さいごにヴァーフカ（ナラ王）の名馭者ぶりを描いた、この物語のクライマックスともいうべき美しい描写がありますので、それを引いてみたいと思います。ナラ王が突然ダマヤンティー妃の住む都に馬車の響きをとどろかせながら乗り入れてくる場面です。

……かつて、ナラ王の飼っていた馬たちは、そこで、かの馬車の響を耳にしました。そして、馬たちは馬車の響を聞いて、かつてのように、ナラ王の近くにいるのをうれしがったのです。ダマヤンティー妃もまた、ナラ王の御する馬車の、あたかも雨期にとどろく雷雲の鈍い響にも似た轟音《ごうおん》を耳にしたのでした。かつて、ナラ王が自分の愛馬を御したときのような、けたたましい馬車の轟音を耳にして、大層驚き、昔と同じ馬のひづめの響だと、ビーマ王の姫君も愛馬たちも思いました。（138頁）

耳の感性の豊かさを馬と共有できた時代の人間の姿が彷彿としてきます。

『ゲルマーニア』

タキトゥス著、田中秀央・泉井久之助訳、岩波文庫

――ゲルマンに源を発するドイツ「スポーツ王国」

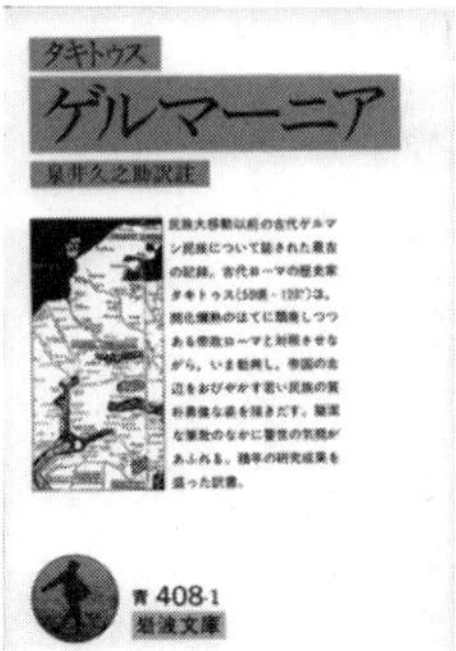

テクストの位置づけ

このタキトゥスの著した『ゲルマーニア』の制作年次は紀元98年と言われています。厳密に言えば、タキトゥスの生没年も含め、この作品の制作年もかなり議論の余地があるようです。しかし、いずれにしても、この作品がゲルマン民族に関する最古のまとまった記録であることに変わりはありません。ただし、注意しておかなくてはならないことは、この作品をタキトゥスは、ローマの側に立って、ローマの立場、ローマの考え方、ローマの生活の方式の枠組みによって記述しています。したがって、この作品を読む場合にはそれなりの制約はあると思いますが、逆に言えば、この作品をとおして、この時代のローマ人の関心事がなにであったかがわかってきます。

ローマの側から

世に言われる「ゲルマン民族の大移動」の話は高校の世界史の授業でおなじみのとおりですが、この話をスポーツ史のサイドから眺めてみますとどのように見えてくるのか、これが今回のテーマです。ゲルマン民族といえばドイツ人の祖先としてよく知られています。しかし、この作品の書かれた紀元1世紀のゲルマン民族は北ヨーロッパのかなり広い地域にまたがって分布しており、当時のローマ帝国に対抗するだけの勢力を誇っていました。

ゲルマン民族

そして、ゲルマン民族内部の種族間抗争に端を発する「大移動」がヨーロッパ世界を古代から中世へと転換させていく直接的な引き金となりました。その内実は神聖ローマ帝国によるゲルマン民族の制圧というプロセスを経て、キリスト教文化圏としての中世ヨーロッパ世界の出現を迎えます。

神聖ローマ帝国

ドイツ・ロマン主義運動の原点

さて、前置きはこのくらいにしまして、さっそく本題に入っていくことにします。まずは、第一部第四章の〔ゲルマーニーの体質〕について。

ゲルマーニーの体質

> ゲルマーニア諸族は、何ら異民族との通婚による汚染を蒙らず、ひとえに本来的な、純粋な、ただ自分みずからだけに似る種族として、みずからを維持してきたとする人々の意見にわたくし自身も同じるものである。このゆえにこそ彼らはその人口のあのような巨大さにもかかわらず、身体の外形が、すべての者たちを通じて同一なのであろう。鋭い空《そら》色の眼、黄赤色（ブロンド）の頭髪、長大にして、しかもただ強襲にのみ剛強な体躯、――というのは、労働、作務に対して、彼らには、それに（体力に）相応する忍

身体の外形

耐がなく、渇きと暑熱とには少しも堪えることができないからである。ただ、寒気と飢餓とには、その気候、風土のために、彼らはよく馴化されている。（41頁）

ゲルマーニーというのはゲルマン民族の総称のことで、はじめは一部族の名にすぎなかったのですが、この部族が次第に勢力を獲得するにしたがって、相手を威嚇することを目的にゲルマン民族に属するすべての部族が自らをゲルマーニーと呼ぶようになった、とのことです。このゲルマーニーが「異族と通婚」することなく純血を守ってきたことが、他ならぬローマ人タキトゥスによって書きとめられています。ゲルマン民族の純血性がのちのドイツ・ロマン主義運動やナチス・ヒトラーに利用されたことはあまりにも有名な話ですが、その根拠とされたのは、このタキトゥスの記述によります。

純血を守る

ドイツ・ロマン主義運動

また、ゲルマン民族の「長大にして、しかもただ強襲にのみ剛強な体躯」や「勇気」が、ドイツ・ロマン主義運動と同調して展開されたヤーン（F.L.Jahn）の「ツルネン促進運動」（Deutsche Turnbewegung）の理想の一つに掲げられたこともよく知られています。ツルネン促進運動というのは、19世紀の初めに「統一ドイツ国家」建設のために役立つ青少年の育成を目指して、主として身体の鍛練運動（これをヤーンは「ツルネン」Turnenと命名）を集団で展開した、一連の活動のことを意味します。

「ツルネン促進運動」

以後、19、20世紀を通じて「ドイツ体操」の名で知られるツルネン活動とその精神（共同体の精神＝Gemeinde）は、ドイツ民族に固有のものとして継承されていきます。

「ドイツ体操」

感嘆に値する強健な身体

あらゆる家庭において、彼らは裸体で、身なりや体《からだ》のよごれにかまわぬ生活のなかで、われわれの感嘆するあの四肢、あの体躯に成人してゆく。ひとりびとりをその母が自分の乳房で育て、決して婢女や乳母にまかせることはない。主人と奴隷とがおのずから看別《みわ》けられるような、育て方の上での柔弱さは少しもない。なんとなれば、年齢が自由民を〔奴隷より〕引き分かち、勇敢さが彼ら〔自由民たること〕を承認せしめるに至るまで、彼らは〔主筋の者も奴隷たちも〕、共に同じ牧群のあいだに、共に同じ土地の上に起臥するからである。愛の喜びの青年たちへの訪れは遅く、したがってその適齢期の精力は消尽されることがなく、処女たちもまた〔結婚に〕急ぎ立てられることはない。同じ若さ、似かよう身体の発育。こうしてよく釣りあう健康な処女たちが、婚姻で結ばれ、両親の強健さは、生まれる子供たちがこれを証明している。（95頁）

裸体

『ゲルマーニア』

素朴で簡素な生活、母乳の礼讃、勇敢さ、晩婚の正当化、質実剛健、等々の古代ゲルマンを理想化させる神話の原点はすべからくこの『ゲルマーニア』に端を発していると言ってよいしょう。そして、これら古代ゲルマンの徳目は近代のドイツ社会のなかで手をかえ品をかえして、それぞれのイデオロギーの都合のよい手段として利用されてきました。そして、それらは今日もなお脈々と生き続けていると言ってよいでしょう。

質実剛健

神話の原点

つい最近では、かつての西ドイツのネオ・ナチズムの運動のなかにも、そして、東ドイツの社会主義国家建設運動のなかにも、古代ゲルマンの理想が謳われていました。これもまた奇妙なとり合わせではあります。そして、ベルリンの壁崩壊以後の「ドイツ」としての統一の根拠もまた、ここに求められています。しかも、世界に冠たるゲルマン民族の優秀さを、いまでもかれらは誇示しようとしています。その精神的よりどころも、この『ゲルマーニア』に端を発しているのです。

ゲルマン民族の優秀さ

若者の楽しみはソード・ダンスと賭博

さて、つぎに〔社交・遊楽〕という見出しのついた章がありますので、それを見てみたいと思います。

観物《みもの》の種類はただひとつ、しかもあらゆる集会を通じて同一である。そこでは進んで、ただ楽しみにこれをなす青年たちが、裸体で、おのれを脅かすかのように打ち揮われる剣や、フラメアの間を、縦横におどりまわる。修練が業《わざ》を作り、業がこの妙技となったが、しかし決して利益や報酬が目的ではない。いかにも大胆な慰みとはいえ、その報酬はただ、これを観るものの、よろこびにある。

裸体剣舞

彼らは賭博、――まことに不可思議なことではあるが――彼らはこの賭博を、酔ってはいないときにも、あたかも真摯な仕事であるかのように行ない、しかもすべてを失なった場合、最終最後の一擲《てき》に、みづからの自由、みずからの身柄《みがら》を賭けても争うほどの、勝負に対する無謀さである。負ければ、進んで他者の奴隷となり、たとえ自分が〔勝った者より〕より若く、より力強くても、身の束縛をうけ、売買に供せられるのを耐え忍ぶ。蔑視すべき事柄における彼らの頑固さは、まさにかくのごとく、しかも彼らみずからは、これを「義」fides と呼ぶのである。この事情による奴隷は、勝ったものも、またみずから、その勝利の心苦しさからまぬれるために、取引を通じて売り放してしまう。

賭博

「義」

（111～112頁）

前段に出てきますフラメアというのは「細く短い刃のついた手槍」で、ゲルマン民族に固有の武器の一つだということですので、ここに出てきます踊りは、いわゆる「ソード・ダンス」（sword dance ＝剣のダンス、剣舞）の範疇に含むことができると思います。しかも、訳者註によれば、「ローマにおけるごとく、職業人としてではなく」お互いに「歓会」に集まってきた若者同士が、ただ「楽しみ」のために剣を手に持って踊るということです。

ここの引用文でおもしろいのは、ゲルマン民族の社交や遊楽といったところで所詮ソード・ダンスと賭博しかないではないか、と著者のローマ人タキトゥスが「文化」の低さを見下して記述している点にあります。ゲルマンの文化がローマのそれと比較にならないほど低かったことは事実だったとしても、ゲルマンの若者たちが自らソード・ダンスに打ち興じていた同じ時代に、ローマのコロッセウム（円形闘技場）ではプロの剣奴による殺し合いがショウとして行われていたのですから、タキトゥスもあまり威張れたものではありません。

ソード・ダンスと賭博に関する仮説

ソード・ダンスについては、わたし自身の個人的な関心もあって、若干の仮説を立てて

フラメア
ソード・ダンス
「文化」の低さ
剣奴による殺し合い

アンテナを張っているところですので、その一部を少し述べておこうと思います。ソード・ダンスの分布はふつうに予想する以上にはるかに広く、そのヴァリエーションもきわめて多く多種多様、という特徴を持っています。そして、異文化間の接触・交流の比較的少なかった民族や地域に多く存続していて、交流の多かった都市からは姿を消している場合が多い、という特徴を持っています。その意味では典型的なマージナルな（周縁的な）文化の存続形態をとどめているように思います。

マージナルな文化

もう一つ指摘しておきたいことは、こんにちにいたる存続形態の背景には、ある特定の「権力」に対する抵抗の歴史が秘められているように思われてならない、というわたし自身の臭覚のようなものがあります。もっとも、タキトゥスの書き残したゲルマン民族のソード・ダンスは、まだかなり「実用性」の高い遊興であったように思いますので、こんにちに伝わるそれとは比較になりません。

賭博もまたむかしから熱心に行われてきた「人類文化」の重要な柱の一つで、スポーツ史にとってもけしてあなどることのできない重要な研究テーマの一つです。賭博が本格的な禁圧の対象となるのは、社会秩序の維持が重要な課題となる都市であり、近代国家（法治国家）としての条件整備を急いだいわゆる先進諸国でした。この問題については、ゲルマン民族の賭博の記述が具体的ではありませんので、また別の機会にゆずりたいと思います。

禁圧の対象

ただ一点、この時代のゲルマンやローマの賭博勝負で負けて売り飛ばされ、奴隷となってしまった市民が、みずからの自助努力によって一定の期間後にみずからを買い戻す制度があったらしい、という点だけは書き留めておきたいと思います。なぜなら、こうなってくると賭博による浮沈だけではなく、もはや人生そのものが〈スポーツ〉的に見えてくるように思うからです。

馬に乗るは子供の遊び……

カッティーに隣して、すでに河床が定まり境界たるに足る〔今のビンゲン(Bingen Bingum)より下流の〕レーヌス河畔に、ウースィピーとテンクテリーとがいる。テンクテリーは〔ゲルマーニア諸族には〕通例の、さまざまの戦争における、武勇の誉れのほかに、特に騎馬戦術において他にすぐれ、カッティーにおける歩兵の声誉といえども、テンクテリーにおける騎馬隊のそれより、大なりとはいいえない。かくのごとくに制定したのは、彼らの祖先であり、子孫はこれに倣《なら》って〔継承して〕いるのである。馬に乗るのは子供たちの遊びであり、青年の競いであり、老者もなおかつこれをやめることがない。僕婢、家邸《いえやしき》、および相続権の及ぶ財産のなかに加えて、馬たちもまた譲られる。

騎馬戦術

馬に乗るは子供の遊び

しかし、これを受けるのは子息たちのひとりである。馬は他の物件とは異なり、その相続者はひとえに長子とはかぎらない。誰にしもあれ、戦いに勇猛にして他にすぐれた子息である。（151～152頁）

ゲルマン民族の軍事力の主役は歩兵にあったと言われていますので、ここの記述はきわめて印象的です。こんにちのわたしたちの常識からすれば、自動車や飛行機が登場するまでは、馬が移動の手段としてはもっとも早く、戦闘能力の基盤をなしていました。ですから、古来、馬を制したものが世界を制する、とまで言われてきました。それも、つい、最近までの話です。競馬がたんなる遊びになってしまったのも、つい最近のことです。つい、この間までは、優秀な馬を選別し、品種改良するための重要な文化装置でした。むしろ、そちらが主眼でした。そのついでに、見せ物にし、賭けをし、軍資金の調達にも役立てていたのですから。ですから、競馬はどの国も原則として「公営」でした。つまり、競馬は国家存亡の鍵を握っていたのです。

主役は歩兵

馬を制する

競馬

「公営」

このように考えてみますと、馬に着目したゲルマン民族の炯眼に驚きを禁じ得ません。また、馬を手に入れ、それを養うことに財力を注ぎ込んだゲルマンの祖先こそたたえられるべきかと思います。タキトゥスの記述は、多少のミスはあるものの、全体的な把握の仕方としては歴史的に正しいとされていますので、当時のゲルマン民族の生活レベルの低さ（未開ではないが「半開」）からすれば、馬を飼育することはかなり困難なことだったように思われます。それらを克服したテンクテーリーの智恵の深さは、馬の相続を長子に限定しないで、「戦に勇敢にして他に優れた者」、すなわち、部族のリーダーたるにふさわしい者に指定したところにも認められます。

馬の相続

食事をする前に「朝湯」

つぎに、ゲルマン民族の〈日常生活・宴席と談合〉についての興味深い記述がありますので、素晴らしい訳者註とつなぎ合わせながら追ってみたいと思います。

沐浴

　たいていは日の出のあとまでつづく睡眠から醒めるや、ただちに、彼らは沐浴する。沐浴に湯を用いることが多いのは、彼らにおいては、年の大部分を冬が占めるからである。沐浴を了えて食事を摂《と》る。ひとりびとりに別々の坐席と、めいめいにその卓《つくえ》がある。（105頁）

朝目覚めて食事をする前に「朝湯」に入るなどという記述に出くわしますと驚いてしまいます。ヨーロッパ人はいまでも沐浴はほとんどせず、シャワーをかぶる程度ですので、ゲルマン民族が「朝湯」に入っていたというのはまことに奇異に映ります。しかし、訳者註によりますとヨーロッパ人にはむかしから沐浴の習慣があったことがわかります。たとえば、

> 湯を用いる――水よりもしばしば、湯を用いて沐浴する。湯を用いることは南方から習ったのである。このために、のちには浴室ができた。これは貴族の家庭の有様であろう。ゲルマーニー一般について他の書の伝えるところは、たいてい、河川における水浴である。したがって「遊泳にもよく堪えるばかりか、また熱心であった」（メラ・ポンポーニウスの地理書、三の二七）。――そしてすでに、いわゆる「シャボン」を使っていたことは、大プリーニウスによって知ることができる。シャボン――ラテン語 sapo――もこの地方からローマへ借用された語である。――大プリーニウスはこの語はケルト語からとしている。（106～107頁）
>
> 浴室
>
> 河川の水浴

という具合です。さらに、シャボンは「脂肪と灰からつくられる」とか、「女より男に多

く用いられる」といった説明が続きます。

少し落ちついて考えてみれば、ギリシヤ人もローマ人も風呂好きだったことはよく知られていますし、中世のペスト大流行がヨーロッパ人の入浴の習慣を著しく変化させたことも思い出すことができます。

風呂好き

宴席は神意・神威のもとでの祭祀

……次いで仕事に、また同様にしばしば宴席に、彼らは武装して出かける。昼夜を飲みつづけても、誰ひとり、非難をうけるものはない。酔ったものの常として、たびたび起こる喧嘩は、悪罵、諍論に終わることは稀に、多くは殺傷に至って熄《や》む。しかしまた仇敵をたがいに和睦せしめ、婚姻を結び、首領たちを選立し、さらに平和につき、戦争について議するのも、また多く宴席においてである。あたかもこの時を除けば、他のいかなる時にも彼らの心が、単純なな思考をめぐらす程度にさえ、ほぐれることはなく、偉大な思考に堪えるまでに熱する時がないかのごとくである。飾らず偽《いつわ》らざるこの民は、そのとき、自由に冗談をさえ言い放って胸の秘密を解き開き、こうして今や覆いを取られ、露《あら》わになった皆の考へは、次の日にふたたび審議される。したがって双方の機会の

宴席に武装して

もつ効果は十全に量《はか》られ、発揮される。——すなわち、彼らは本心をいつわることが不可能なときに考量し、過《あやま》つことができない時に決定するのである。(105〜106頁)

「お座敷政治」

「お座敷政治」などということばが日本の現代にも生きているように、時代や社会を越えて、人類史的な普遍性を秘めているのではないかと、ゲルマン民族の「宴席」の意味を考えれば考えるほどに思われてきます。訳者註もまた、この考え方をさらに力強くバック・アップしてくれ、眼からウロコが落ちる思いです。

祭祀的な行事

たとえば、つぎのような記述が眼を引きつけます。

……宴席の間に重大事を議する習いは、広く他の民族の同様の場合のように、一種の祭祀的な行事であった。犠牲を供して、神の前において、神を通じてたがいに結ばれた席(宴席)においては、たがいの間に欺瞞はありえない、と考えられていたからである。もっとも、この宴席も毎日あったのではない。タキトゥスが「しばしば」というのは、一定の日、または特定の事件のために集まる時を指す。そしてそれは貴族、自由民の会合であったのであらう。(107〜108頁)

「宴席」と「スポーツ」の切っても切れない関係

「宴席」の淵源

こんにちでも現実的な意味を持っている「宴席」の淵源をたどってみますと古代社会の祭祀―供犠―会食―内的結束―ギルドという具合にキー概念を連鎖状につないで見るだけでも、いくつかのイメージが湧いてきます。古代ギリシヤのオリンピアの祭典競技はまさにその典型的な例といっていいでしょう。ゼウス神の祭祀としての祭典競技、牛や羊を犠牲に捧げ、祈り、その肉を分かち合って会食をし、ギリシヤ人としての内的結束を固める……こうした古代の慣習が中世の同業者組合「ギルド」のなかに流れ込んでいる、しかもこのギルドの組織が近代のスポーツ・クラブのひな型になった……と考えてきますともはや「宴席」と「スポーツ」は切っても切れない深い関係と長い歴史過程に支えられていることが次第にはっきりしてきます。

オリンピア

「供犠」

もう一点、わたしの頭のなかで次第に大きな位置を占めつつある問題に「供犠」があります。恥ずかしい話ではありますが、長い間、わたしは「牛や羊を殺して神に捧げたところで何になる、大勢に影響を及ぼすほどのことではない、古代人は何と馬鹿げたことを大真面目にやっていたことよ」とほぞを噛んでいました。

ところが、じつはそうではなくて、「供犠」がつつみ込んでいる意味・内容の深さ、ひろがりに偶然気づくことがあって、「供犠」が共同体に及ぼす力の強さには人智の及ばざるところのものがある、と真剣に考えはじめています。さきの引用文（訳者註）からもその一端をうかがい知ることができます。いずれまた、べつのテキストを用いてさらに深くこの「供犠」の問題は考えてみたいと思いますが、現代の「共同体」をめぐる論議の一つのポイントとして「供犠」が重要な地位を占めていることだけはここで指摘しておきたいと思います（たとえば、『明かし得ぬ共同体』、M・ブランショ著、西谷修訳、朝日出版社、ほか）。

スポーツの「シーズン制」を考える

耕地はまず耕作するものの数に比例して、それぞれ一つのまとまりとしての村落に〔その共有財として〕占有せれ、次いで〔各村落における〕耕作者相互のあいだにおいて、各人の地位に従って配分される。配分の容易さは、田野の広さが保証する。年々、彼らは作付け場所を取り換える。しかし、耕地はなお剰《あま》っているのである。というのは、彼らは果樹園に植え、牧場を囲い、菜園に水するがごとき労働をつくして、土地の肥沃さ、広さと、争おうとはしないからである。——土地からは要するに、ただ収穫だけが要求

『ゲルマーニア』

される。このゆえに彼らは、一年そのものをさえ、われわれと同数の季節には分かたない。冬と春と夏とについては、それぞれ、その意義もあり、名称も存在する、しかし秋は、その名も、その〔貴重な〕産物も、等しく彼らは知らないのである。（119〜120頁）

冬と春と夏

「秋」というシーズンを持たないゲルマン民族――その理由が素朴な農耕にある、とするタキトゥスのこの記述に注目してみたいと思います。もちろん、このことに注目するわたしの頭のなかには「スポーツのシーズン制の原点はなにか」という問いがあります。フィールディングの『トム・ジョウンズ』を読んでみますと、狩猟のシーズンは「霜のとけた日からはじまって、つぎの霜が下りるまで」ということを確認することができます。

農耕

つまり、気候が狩猟のシーズンを分かつ最大のポイントであるというわけです。当り前ではないか、と叱られそうですが、広い地球上にはシーズンがあまり明確でない地域もあります。あるいはまた、文明化の過程のどの段階にあるかということによって、シーズンに対する認識の仕方に違いもあります。とすれば、「スポーツのシーズン制」を制度として定着させようというのは、「四季」を明確に持つ温帯地方の、文明化の進んだ国に住む人間の、自分勝手な論理にもとづく横暴ではないか、ということになってきます。わたしたちが当然のことと考えていることがらのなかにも、一皮剥いてみると恐ろしい論理や隠され

気候

「スポーツのシーズン制」

た仕掛けや暴力がひそんでいるものです。

牧畜のシーズンと農耕のシーズン

さきのタキトゥスの記述に対して、訳者はつぎのような興味深い註を付していますので、それを見てみたいと思います。

> 一般に牧畜的な印欧語の各民族において秋は新しい名称である。はじめは一年を冬と夏の二つにわけるだけであった。ついで冬と夏との間に春を考えて三分し、最後に夏から冬の間に秋が考えられた。印欧語の諸民族がはじめ一年を冬と夏とに二分していたのは、生活がもっぱら牧畜的であったからであろう。牧獣の年齢はこれを二冬（bimus < bi + hiem）、三冬（trimus）と算えるのが常であった。冬は牧獣にとってのcritical seasonであったからである。これに対して、これらを野外に導く時期として、対立的に夏が考えられた。春を考え、秋を重視するに至ったのは、それが農耕を中心とする社会になって来たからであらう。（122～123頁）

秋は新しい名称

牧獣の年齢

牧畜を主とする時代の冬と夏の二シーズンからはじまって、やがて農耕を重視する時代になって春が加わり、さいごに秋が加わって四シーズンが意識されるようになる——ヨーロッパ大陸で農耕を重視する時代は、いわゆる「農業革命」が起こったといわれる11～12世紀以後のことですから、いまでこそヨーロッパ先進国などといって胸を張っている国ですら、ついこの間まで二シーズン、あるいは三シーズンしか意識されていなかったというのが実情のようです。人間が生きていく上でもっとも重要な生産手段にかかわるレベルですらこの程度ですから、それ以外の生活レベルでの季節感が四シーズンとして意識されるようになるのは多分、近代に入ってからだと思われます。

農業革命

ヨーロッパの季節は「夏」と「冬」のみ

実際にヨーロッパで生活してみますとこの季節感はもっとよくわかります。わたしの生活したのはウィーンですが、冬から夏への急変ぶりといい、夏から冬への転換の速さといい、それはまったく春や秋を感じさせるいとまがないと言ってよいほどの驚くべき激変です。さらにまた、夏の日中と夜の温度差の激しさもすさまじいばかりです。たとえば、日中は半袖シャツ、夜は毛皮のコート、といった具合です。若者は真夏のさかりでも夜の帰

温度差

りが遅くなる場合には皮ジャンを忘れません。日本の東北・北海道を除く他の地方で生まれ育った人間には、この気候・風土の違いはちょっと想像できません。四季の移りかわりを繊細に感じさせてくれた東海地方に育ったわたしの感覚からすれば、ウィーンには冬と夏と二つの季節しかないというのが実感です。別の言い方をすれば、太陽が雲のかげに隠れてしまって顔を見せなくなる11月初めから3月中旬までの季節と、4月から10月までの太陽が照り輝く季節の二つしかありません。

太陽

　さいごに、訳者解説からわたしにとってきわめて重要と思われる部分を引いておきたいと思います。

　さきに述べたやうにタキトゥスは、中世においては主としてキリスト教的な見地からであらうか、無視せられてゐたのであるが、その写本は長くイタリアのモンテカッシナ、ドイツのフルダ、殊に同じくドイツのコルヴァイなどの僧院に保存せられ、ボッカチオがはじめてタキトゥスの写本を発見したのは１３６２年モンテカッシノにおいてであった。この写本（メディチ写本と称される）は時代史と各一部をふくむのみであったが、これが端緒となってタキトゥスに対する認識が起り、以下各地において引きつづいて各種の写本が発見せられたのであって、ゲルマーニアのテキストそのものについても問題

ボッカチオ

と興味は多い。
キリスト教的な王に表向き要求される絶対的な道徳主義に対して、手許の目的に成功到達するための方便主義との対立が、当時の政治方向の思想界（16世紀から18世紀）にあったのは事実である。しかし私は、タキトゥスが異教的であったのはやむをえないとしても、それほどのいわゆるマキアヴェッリ的な人であったとは思はれない。

以上の引用からわたしがなにを連想しているかは、本連載の長年の読者には自明のことかと思います。そうです、「バスク民族」のことです。紙数がありませんので多くを記すことはできませんが、反キリスト教的な態度や行動をとった民族の歴史は、ある時点でことごとく抹消された疑いがある——というわたしの仮説の傍証の一つとして、この訳者解説は大きな意味を持っているとだけ書き残しておきたいと思います。

『古事記』

倉野憲司校注、岩波文庫

――「エロティシズム」みなぎる神々の世界

大和朝廷が権力を正当化

今回はわが国最古の典籍といわれる『古事記』を取り上げてみました。申し上げるまでもなく、『古事記』は天武天皇の勅命を受けて、暗記力の天才とも言うべき稗田阿礼の誦《よ》む『帝紀』（『帝皇日継』）と『本辞』（『先代旧辞』）を太朝臣安万侶が撰録し、上中下の三巻に筆録して元明天皇に献上したものと伝わります。ときに和銅五年（西暦７１２年）の正月28日といいますから、いまから１２９３年前のことになります。簡単に言ってしまえば、群雄が割拠していた日本の古代社会のなかから、ようやく大和朝廷がヘゲモニーを握って古代国家を形成し、日本国の朝廷としての歴史的正当性を天下に知らしめんがために編んだものが『古事記』ということになります。

７１２年

ついさきごろ、太安万侶の墓が、ふとした偶然から奈良県の山間部にある茶畑の一角で見つかり、大変話題になったことをご記憶の方も多いかと思います。その後も埋蔵史料の発掘が相次ぎ、日本民族の起源や、朝廷の起源に関する論議（たとえば、近畿天皇一元説を鋭く批判する多元王朝説の登場）がいまも活発に展開されています。ですから、『古事記』に対する評価も、まだまだ定まっているわけではありません。それどころか、最近の考古学や

太安万侶の墓

人類学の知見によりますと、『古事記』の記述のなかに含まれている矛盾点は増大するばかりです。それだけに時の権力者であった大和朝廷を正当化するための相当無理な歴史上の改竄がなされた、というのが一般のようです。

歴史上の改竄

こうした論議は、そのような専門書にゆずることにしまして、ここでは日本文学史上の劈頭を飾るにふさわしい文学作品という点に着目し、そこに描かれているスポーツ的な話題を追ってみたいと思います。

イザナギ、イザナミの国生みの営み

さて、『古事記』といえばだれにでも頭に浮かんでくる話があります。たとえば、イザナギ、イザナミの二神の結婚の話、アマテラス大神とスサノオの命の話、オオクニヌシの命（イナバの白兎）の話、海幸彦と山幸彦の話、等々の神話です。これらは『古事記』の上つ巻に収められております。続いて、中つ巻には神武天皇から応神天皇までの15代の天皇の血筋や皇子女に関する重要事項、その御代における国家的重要事件、御享年、御陵の所在などが記述され、下つ巻では仁徳天皇から推古天皇にいたるまでの同様のことがらが描かれています。中つ巻に登場するヤマトタケルの命の話も、わたしたちの脳裏に焼きついてい

アマテラス

ヤマトタケル

る話の一つです。

まずはイザナギ、イザナミの結婚の描写から入ることにしましょう。私事ながら多感な少年時代に初めて自分の意志で図書館に足を踏み入れ、胸をときめかして文字を追った、あの名場面から。

――故《かれ》、二柱の神、天《あめ》の浮橋《うきはし》（注・神が下界へ降る時に天空に浮いてかかる橋）に立たして（注・お立ちになって）、その沼矛を指《さ》し下《お》ろして畫《か》きたまへば、鹽《しほ》こをろこをろに畫《か》き鳴《な》して引き上げたまふ時、その矛の末《さき》より垂《しただ》り落つる鹽、累《かさ》なり積《つ》もりて島と成りき。これ淤能碁呂島《おのごろじま》なり。（19頁）

※本文中の注は、筆者が本文の欄外にある作者注を用いたもの。以下同）

図書館という神聖な場で、人知れず秘め事を犯しているようなめくるめく体験が、いまも鮮明によみがえってきます。

大らかな「セックス賛歌」

天の御柱

その島に天降《あまくだ》りまして、天《あめ》の御柱《みはしら》を見立《みた》て（注・りっぱな柱を見定めて立て。この柱は結婚の儀礼と関係があるようである）、八尋殿《やひろどの》（注・広い大きな家。これは新婚のための婚舎）を見立てたまひき。ここにその妹《いも》伊邪那美命《の》に問ひたまはく、「汝《な》が身は如何《いかに》か成れる。」ととひたまへば、「吾《あ》が身は、成り成りて成り合はざる處一處《ところひとところ》あり。」と答へたまひき。ここに伊邪那岐命《の》詔りたまはく、「我が身は、成り成りて成り餘れる處一處あり。故《かれ》、この吾が身の成り餘れる處をもちて、汝《な》が身の成り合はざる處にさし塞《ふた》ぎて、國土《くに》を生み成さむと以為《おも》ふ。生むこと奈何《いかに》。」とのりたまへば、伊邪那美命《の》、「然善《しかよ》けむ。」と答へたまひき。ここに伊邪那岐命《の》詔りたまひしく、「然らば吾《あれ》と汝《いまし》とこの天の御柱を行き廻《めぐ》り逢ひて、みとのまぐはひ（注・「みと」は御所で、ここでは性交の場所、「まぐはひ」は「目合ひ」から転じて交接の意）為《せ》む。」とのりたまひき。（19～20頁）

国生みの神話

以上は有名な国生みの神話の一部です。こうして、「大八洲国」がまず生れます。生れた順番は、淡路島、四国、隠岐、九州、壱岐、対馬、佐渡、そして本州です。このあとさらに多くの島を生みますが、北海道の名前は出てきません。この時代の大和朝廷の勢力分布がみずから浮かび上がってくるように思います。

14の島

全部で14の島を生んだあとは、35柱の神々を生みます。そして、35番目の「火の神」を生んだところでイザナミの命はおかくれになり、それ以後の八百万《やおよろず》の神々はイザナギの命が一人でお生みになります。さいごに生れてくるのが有名なスサノオの命で、かれは父なるイザナギの命が鼻を洗ったときに生まれ、その姉であるアマテラス大神はイザナギの目から生れます。

これらの話はみんな神話時代の話ですので、それなりに専門的な分析が可能なようですが、ここではこれ以上は深追いしないことにします。問題にしたいのは、古代とはいえ、8世紀の初めの大和朝廷の権威づけのために編まれたと考えられる『古事記』の冒頭で、いとも大らかに「みとのまぐはひ」を謳いあげている点です。つまり、「セックス」を堂々と正面に据えて、天地創造、国生み、神生みの物語をなにはばかることなく展開している点に注目してみたいと思います。いわば「セックス賛歌」ともいうべき古代日本人の精神はどこからきているのでしょうか。

この精神は、歴代天皇の業績を讃えた『古事記』の「中つ巻」、「下つ巻」にも引き継がれています。幸いなことに、『古事記』には歴代天皇の結婚の様子や子孫誕生、寿命などについての記述が丹念になされていますので、それらを手がかりにして古代日本人の「セックス賛歌」の精神を探ってみたいと思います。

スサノオ

寿命

「みとのまぐはひ」

長寿と子孫繁栄は古代天皇の勲章

さて、『古事記』の記述に関する史料的吟味はともかくとして、『古事記』に記述されているありのままに基づいて「長寿」天皇順に並べ、それぞれの配偶者数と子孫数を併記してみますと、下の表ようです。

この表は、一瞥しただけで思いがけない発見やいろいろの疑問が湧いてきます。まず第一点は、古代の天皇のなんと長命であったことか、という驚きではないかと思います。これにはいろいろわけがあるのですが、ここでは、これらの長命天皇がいずれもすぐれた武人であり、配偶者も多く、したがって子孫も多い、という点に注目しておきたいと思います。なお、ここに挙げた配偶者数および子孫

御代	天皇名	寿命	配偶者数	子孫数	その他
10	崇神	168	3	12	人身御供をはじめる
11	垂仁	153	7	16	身長1丈2寸、脚長4尺1寸、ヤマトタケルの父
12	景行	137	7	21	
1	神武	137	2	5	大陸と交易
15	応神	130	10	27	建内の宿禰を引き立てる
21	雄略	124	2	2	国見の登山
6	孝安	123	1	2	持病に悩む
7	孝霊	106	4	8	身長9尺2寸5分
13	成務	95	1	1	皇后は100歳まで
5	孝昭	93	1	2	
16	仁徳	83	4	6	
19	允恭	78	1	9	
17	履中	64	1	3	
9	開化	63	4	5	
18	反正	60	2	4	
8	孝元	57	3	5	
20	安康	56	1	0	
14	仲哀	52	2	4	

「長寿」天皇

武人

数は、正規の記録にとどめられた「数」であって、「実数」ではありません。

「80王」

たとえば、ヤマトタケルの命の父として有名な景行天皇の場合には、記録にとどめられた21王の他に、記録されなかった59王があり、合計の実数では「80王」であった、という次第です。したがって、当然のことながら、配偶者の数も多くなることになります。この表から推定する限りでは、一配偶者に2〜3人の子孫というのが普通のようですから、景行天皇の場合には、少なく見積もってもさらに20人の配偶者を追加しなければならないことになってきます。実際には、旅先の身分の低い女性との間に一人だけの子どもをもうける場合も多いわけですから、配偶者の数は相当なものになろうかと思われます。ここからも、古代人の結婚の形態やその意味が問題となってきます。

一夫多妻

いかに一夫多妻制社会であったとはいえ、この時代の結婚をこんにちのわたしたちの「常識」でさばいてしまうわけには参りません。とりわけ、天皇にとっては「子孫」をいかに多く残すかという問題は、ひとり天皇家の存続のみならず、国家の安泰と繁栄のための礎でもあったわけですから。さきに引用した景行天皇の場合でみますと、80王のうち、ヤマトタケルの命を含めた3人の太子を身辺に置いた以外の77王は全員、国ぐにに配置された国の造として、あるいは稲置の県主として各地方に派遣されています。多くの子孫を残し、もっとも優秀な者を後継者に指名し、残る全員で協力して天皇家を支えていくという

国ぐにに配置

考え方は、すでにこの時代に確立されていたようです。また、そうでなければ一王家による国家の支配体制は不可能であった、というのが現実の問題であったようです。このことを裏づける話（事件）は『古事記』のなかに満載されています。すなわち、多くの子孫を「生む」ことは国体を護持するためのもっとも重要な「神事」の一つであったといってもよいでしょう。『古事記』下つ巻の安康天皇のくだりには「天皇は、神事のための清浄な床にいらっしゃって、昼間おやすみになったことがありましたが、その時、皇后に、……」（太田善麿訳）とあり、このことを裏づけてくれます。

多くの子孫を「生む」こと

恋の歌のキャッチボール「歌垣」

さて、それではいったい男女の結びつきはどのような手続きを経ておこなわれたのでしょうか。意図的・計画的に男女の仲をとりもつために考え出された典型的な形式の一つに「歌垣」があります。下つ巻の清寧天皇の段につぎのような描写があります。

男女の結びつき

故、天の下治らしめさむとせし間に、平群《へぐりの》臣の祖、名は志毘臣《しびのおみ》、歌垣《うたがき》（注・若い男女が集まって、互いに歌をかけあう行事）に立ちて、その袁祁《をけの》命の婚《よば》はむとしたまふ美人《をとめ》の手を取りき。

『古事記』

その嬢子《をとめ》は、菟田首等《うだのおびとども》の女、名は大魚《おほうを》なり。ここに袁祁《の》命もまた歌垣に立ちたまひき。ここに志毘《の》臣歌ひけらく、

大宮《おほみや》の　彼《をと》つ端手《はたで》（注・あちらの方の脇）　隅傾《すみかたぶ》けり

とうたひき。かく歌ひて、その歌の末《すゑ》（注・末の句。本の句に対する）を乞ひし時、袁祁《の》命歌ひたまひしく、

大匠《おほたくみ》　拙劣《をぢな》みこそ（注・大工が下手だから）　隅傾けれ

とうたひたまひき。ここに志毘《の》臣、また歌ひけらく、

王《おほきみ》の　心を緩《ゆら》み（注・心がのんびりしているから）臣《おみ》の子の　八重《やへ》の柴垣《しばがき》　入り立たずあり

とうたひき。ここに王子《みこ》、また歌ひたまひしく、

潮瀬《しほせ》の　波折《なを》りを見れば（注・潮の流れる浅瀬の波が折れくずれるあたりを見ると）　遊び来《く》る（注・およいで来る）　鮪《しび》が端手《はたで》に　妻立り見ゆ

とうたひたまひき。ここに志毘《の》臣いよいよ忿《いか》りて歌ひけらく

大君の王子《みこ》の柴垣《しばがき》　八節結《やふじま》り（注・結び目がたくさんある）　結《しま》り廻《もとほ》し（注・垣を厳重に結いめぐらしていても）　切れむ柴垣　焼けむ柴垣

とうたひき。ここに王子《みこ》、また歌ひたまひしく、

大魚《おふを》よし（注・鮪の枕詞）　鮪突《しびつ》く海人《あま》よ　其《し》があれば（注・その鮪が離れて行ったら）

心戀《うらこほ》しけむ　鮪突く鮪（注・鮪を突く鮪＝志毘臣）
とうたひたまひき。かく歌ひて、闘《かが》ひ明《あか》して（注・歌をかけ合って夜を明かして）、各退《まか》りき。
（197〜198頁）

歌のかけ合い

「実力」

男女交際の場

ここでは、袁祁の命が求婚しようとしていた美人大魚を、志毘の臣が横取りしようとし、男性どうしの歌のかけ合いが展開しています。相方とも一歩も退かず、ついに夜が明け、解散します。長いので引用はしませんでしたが、この歌垣の決着は、袁祁の命が志毘の臣の寝込みを襲って殺してしまうことでつきます。要するに「実力」で勝負をつけてしまうわけです。しかし、一般に大勢の男女が集まっている歌垣の場では、身分の差を越えて、正々堂々と対等に「歌」で勝負を挑むことが許されています。しかも、男女間で歌のやりとりをするのがふつうです。男性にしろ、女性にしろ、自分の素直な感情を歌に託して相手に伝えるという、まことにフェアで、格調の高い男女交際の場が早くから発達していたことがわかります。

この歌垣の制度は、現在でも東南アジアのかなり広い地域にわたって受け継がれており、なかには歌のやりとりと同時に「ボール」の受けわたし（投・捕）を伴う「約婚球戯」の存在が報告されています。つまり、自分の意中の人に向けて「本の句」を提示しながらボールを投げ、ボールを受け取った人は「末の句」をつくって返しながらボールを投げる。そのやりとりをしながら少しずつ相手の気持を確認しながら、徐々に気持を高揚させていく、まことにスリリングな、一種のゲームである、というわけです。あまり好きでもない人から歌を送られたとき、どのようにして、相手を傷つけないでかわすとか、という歌の技術もまた大変なものだと想像してしまいます。

ゲーム

アメノウズメの踊り

さてつぎには、『古事記』の名場面中の名場面、天の岩屋戸の場面を取り上げてみたいと思います。ご存知のとおり、アマテラス大神が弟王スサノオの命（同時に夫でもある、とする説もある）のいたずらに愛想がつき、高天ヶ原の岩窟に隠れてしまうという話です。世の中が真っ暗闇になったばかりでなく、禍が起ります。八百万の神が集まって相談をし、長鳴鳥《ながなきどり》を集めてきて鳴かしたり（太陽の出現を促す呪術）、立派な鏡や勾玉《まがたま》を作ってさかきの木に飾りつけたり、牡鹿の肩骨を焼いて神意を占ったり、とあの手この手の智恵を出し合ってお膳立てを整えます。そして、さいごにくり出した秘策がつぎのとおりとなります。

天の岩屋戸

八百万の神

神意

……天手力男神《あめのたぢからをの》（注・腕力の神格化）、戸の掖《わき》に隠《かく》り立ちて、天宇受売命《あめのうずめの》、天の香山の天の日影《ひかげ》（注・さがりごけ）を手次《たすき》に繋《か》けて、天の真折《まさき》を鬘《かづら》として、天の香山の小竹葉《ささば》を手草《たぐさ》に結《ゆ》ひて（注・手に持ち加減に結び束ねて）、天の石屋戸《いはやと》に槽伏《うけふ》せて（注・空っぽの入れ物をうつぶせにして）蹈《ふ》み轟《とどろ》こし、神懸《かむかが》りして（注・神が人に乗り移った時の状態になって）、胸乳《むなち》をかき出《い》で裳緒《もひも》を陰《ほと》に押《お》し垂《た》れき。ここに高天の原動《とよ》みて、八百萬の神共《とも》に咲《わら》ひき。

ここに天照大御神、怪しと以為《おも》ほして、天の石屋戸を細めに開きて、内より告《の》りたまひしく、「吾《わ》が隠《こも》りますによりて、天の原自《おのずか》ら闇《くら》く、また葦原中国《あしはらのなかつくに》も皆闇けむと以為《おも》ふを、何由《なにのゆゑ》にか、天宇受売《あめのうずめ》は楽《あそび》（注・歌舞のこと）をし、また八百萬《やほよろづ》の神も諸咲《もろもろわら》へる。」とのりたまひき。ここに天《の》宇受売白《まを》ししく、「汝命《いましみこと》に益《ま》して貴き神坐《いま》す。故《かれ》、歓喜《よろこ》び咲《わら》ひ楽《あそ》ぶぞ。」とまをしき。かく言《まを》す間に、天兒屋《の》命、布刀玉《の》命、その鏡を指《さ》し出《いだ》して、天照大御神に示《み》せ奉《まつる》時、天照大御神、いよいよ奇《あや》しと思ほして、稍《やや》戸より出でて臨《のぞ》みます時に、その隠《かく》り立てりし天《の》手力男《の》神、その御手《みて》を取りて引き出《いだ》す即ち（注・引き出すや否や）、布刀玉《の》命、尻《しり》くめ縄《なは》（注・今のシメ縄）をその御後方《みしりへ》に控《ひ》き度《わた》して白《まを》ししく、「これより内にな還《かへ》り入りそ。』とまをしき。故《かれ》、天照大御神出でましし時、高天の原も葦原《の》中《つ》国も、自《おのずか》ら照《て》り明《あか》りき。（37〜38頁）

太陽をとりもどすためのパフォーマンス

こうして、アマテラス大神を無事天の岩屋戸から引き出すことができ、めでたし、めでたし、という次第です。いま風にいえば、八百萬の神が総力を結集しての「パフォーマンス」そのものであった、ということになります。このパフォーマンスの主役は何といってもアメノウズメの命でしょう。しかし、彼女のことについてはなにを神格化したものなのかは不明であるらしく、このテキストの脚註にも「名義未詳。古語拾遺には強女《オズメ》の意に取っている」（37頁）と記されているのみです。これでは面白くありませんので、いま少し彼女のさきの引用部分の現代語訳を引いてみますとつぎのようです。

……天のうずめの命が天の香山の日かげのかずらをたすきにかけて、蔓《つる》まさきを髪飾りにつけて、天の香山の笹の葉を手に持つようにたばね結んで、岩屋戸の前に空《から》の槽《おけ》をふせておき、その上で踊ってとどろく足音をたて、神がかりのようすになって胸の乳房をあらわに出し、腰にまとう裳のひもを低く下げて、ほとのあたりまでずらして踊り続けました。（太田善麿訳）

「裸踊り」

世間ではアメノウズメの命の踊りを称して、わが国における「裸踊り」（ストリップショウ）の元祖である、かのごとき俗説が流れているようですが、それはいささか的はずれというべきでしょう。その理由はつぎのとおりです。

皆既日蝕

天の岩屋戸の神話は、太陽の皆既日蝕によるわざわいや人びとの周章狼狽ぶりを神話化したもので、日蝕に対する古代人の恐怖心については説明するまでもないでしょう。したがって、八百萬の神々が日蝕から太陽をとりもどすためにくりひろげたパフォーマンスと、現代のストリップショウとはまったく次元の異なる世界のものと解すべきでしょう。アメノウズメの命の踊りは、八百萬の神々がくりひろげた「神事呪術」の一環のなかに組み込まれた「神事舞踊」であり、「儀礼」であったわけです。

「神事舞踊」

ここでいう「呪術」や「儀礼」としての舞踊については若干の補足説明が必要なところですが、紙数の関係でまたの機会にゆずることにします。ただ、これらの問題を考えるための重要なヒントとして、いま話題を集めているギアーツの「劇場国家」論があることだけを指摘するにとどめます。そして、この「劇場国家」の解釈をめぐって、かつて、中村雄二郎氏と矢野暢氏の間で激論が闘わされたこと、山口昌男、渡辺守章、大江健三郎、等々の人びとがそれぞれの立場から「劇場国家」論に触発されながら独自の仕事を展開し

「劇場国家」

ていること、さらには、この問題をつきつめていくと「天皇制」の問題につきあたること、「天皇制」を附加しておきたいと思います。

最大の武人ヤマトタケルの命

さて、話が意外な展開となってしまいましたが、もう一度、『古事記』の内容にもどりたいと思います。『古事記』に登場する天皇は、神武天皇を筆頭に総じて「武人」が多く、力で天下を制圧していくリーダーにふさわしい資質に恵まれていました。さきの歴代天皇の長寿表にもありますように、景行天皇は「身長一丈二寸、脚長四尺一寸」、反正天皇は「身長九尺二寸五分」といいますから、現在のセンチに換算しますと、景行天皇は約3m9cm、反正天皇は約2m73cmの身長であった、ということになります。ことの真偽のほどはともかくとして、そうとう大きな天皇であったことは推測されます。

そこで、歴代天皇のなかでもっとも大きかったと思われる景行天皇の息子としてヤマトタケルの命が生れたとなりますと、これはもう素直にうなづいてしまわざるを得ません。ご存知のように、ヤマトタケルの命は『古事記』のなかで描かれた最大の武人であったといってよいでしょう。景行天皇の意を体して、文字どおり東奔西走し、不穏なたくらみを

景行天皇

最大の武人

持つ神々や、天皇に従わぬ者をつぎつぎに平定していきます。まず、九州の熊襲健《たまそたける》の兄弟を征伐した帰路に、出雲健《いずもたける》の征伐に出かけます。

わが国最古の水泳の記述

すなはち出雲國《の》に入りまして、その出雲建《いずもたける》（注・出雲の国の勇猛な人）を殺さむと欲《おも》ひて到りまして、すなはち友と結《な》りたまひき。故、密《ひそ》かに赤檮《いちひ》（注・ブナノ木科のイチイガシ）もちて、詐刀《こだち》（注・にせの刀。木刀）に作り、御佩《みはかし》として、共に肥河《ひの》（注・斐伊川）に沐《かはあみ》したまひき。ここに倭建命《の》、河より先《さき》に上《あが》りまして、出雲建が解き置ける横刀《たち》を取り佩《は》きて、「刀《たち》を易《か》へむ。」と詔りたまひき。故、後《のち》に出雲建河より上りて、倭建命《の》の詐刀《こだち》を佩《は》きき。ここに倭建命《の》、「いざ刀《たち》合はさむ。」（注・さあ試合をしよう）と誂《あとら》へて云《の》りたまひき。ここに各その刀を抜きし時、出雲建詐刀《こだち》を得《え》抜かざりき。すなはち倭建命《の》、その刀を抜きて出雲建を打ち殺したまひき。ここに御歌よみしたまひしく、

　やつめさす（注・「やくもたつ」の転訛。出雲の枕詞）　出雲建が　佩《は》ける刀《たち》　黒葛《つづら》多纏《さはま》き　さ身無しにあはれ（注・刀身がなくて、ああ気の毒だ）

とうたひたまひき。故、かく撥《はら》ひ治《をさ》めて、参上《まゐのぼ》りて覆奏したまひき。（120〜121頁）

まずは相手と友達となり、油断をさせておいてにせの刀をつくり、水浴びをしてさらにスキをつくらせ、刀をすり替え、「さあ試合をしよう」と持ちかけ、相手を殺す……こんにち流に解釈すれば、要するに「だまし討ち」です。しかし、『古事記』ではこれをヤマトタケルの命の「美談」であり、「功績」として伝えているわけです。同様に、熊襲建の征伐も、ヤマトタケルの命は「女装」して酒宴にまぎれ込み、二人の兄弟を殺すという奇襲戦法をとっています。もっとも、ヤマトタケルの命はたった一人の家来をつれて敵地にのり込むのですから、頭をつかうしか方法はなかったというのも事実です。いずれにしても、首尾よく目的を達成すればそれでよいのであって、目的を達するための「手続き」が問題にされる時代ではなかった、ということがわかります。

「だまし討ち」

「女装」

「刀の交換」と「試合」

もう一点注目しておきたいことは「刀の交換」をしてから「試合」を申し入れている点です。つまり、これがこの時代の一種のマナーだったのではないかと推測されるからです。ただし、中世の武士階級の間での試合にはこのようなマナーも習慣も残されておらず、む

「刀の交換」

しろ武士にとって「刀」は命よりも大切なものとして、かたときも身からはなさず、刀の貸借などはもってのほか、と考えられるようになります。他方、ヨーロッパの騎士階級にはじまる決闘のマナーには「剣の交換」が前提条件となっています。

「剣の交換」

シェイクスピアの描く世界にはしばしば決闘のシーンがとりあげられ、剣の交換がなされます。有名な『ハムレット』にもそれを見ることができます。これらの問題については、もう少し調べてから再度とりあげてみたいと思います。

『古事記』

ところで、『古事記』の英雄ヤマトタケルの命は日本全国を転々とわたり歩きながら、つぎつぎに武勲をたてますが、病気には勝てず、いまの三重県まで戻って奈良まであと一息というところでついに倒れてしまいます。そこでヤマトタケルの命は深く故郷に思いを馳せながら、

倭《やまと》は　國のまほろば　たたなづく　青垣《あをかき》　山隠《やまごも》れる　倭しうるはし（127頁）

（倭は日本のなかでもっともすぐれた国。畳みを重ねたようにくっついて国の周囲をめぐっている青々とした垣のような山の内に籠もっている倭は、何と美しい国だろう！）

と歌います。つづけて二首を歌い、さいごに

嬢子《をとめ》の　床《とこ》の邊《べ》に　我《わ》が置きし　つるぎの大刀《たち》　その大刀はや

（おとめ＝みやずひめ＝の床《とこ》のほとりに、わたしが置いてきた腰に吊り佩くりっぱな大刀《たち》＝草なぎの大刀＝、その大刀《たち》はいまどうしていることか！）（太田善麿訳）

と歌ってこの世を去ります。まことに武人の辞世の歌にふさわしい、と思います。

訓読『日本書紀』中・下

黒板勝美編、岩波文庫

――相撲・蹴鞠・水泳・鷹狩り・闘鶏の最古の記録

わが国最古の相撲の記録

七年秋七月己巳朔乙亥、左右《もとこひと》奏して言さく、當麻《たきまの》邑に勇悍士《いさみこはきひと》有り、當麻蹶速《たきまのくゑはや》と曰ふ。其の人と為り強力《ちからこはく》して、以て能く角を毀《か》き鉤《かぎ》を申《の》ぶ。恒に衆中《ひと》に語りて曰く、四方《よも》に求めむに、豈我が力に比《なら》ぶ者有らんや。何《いか》で強力者《ちからこはきもの》に遇ひて、死生《しにいくると》を期《い》はず、頓《ひたぶる》に争力《ちからくらべ》することを得む。天皇聞きて羣卿に詔して曰く、朕聞く、當麻蹶速は天下の力士《ちからひと》なり。若し此に比ぶ人有るか。一《ひとり》の臣進みて言さく、臣聞く、出雲國に勇士《いさみびと》有《はべ》り、野見宿禰《のみのすくね》と曰ふ。試に是の人を召して蹶速に當《あは》せむと欲《おも》ふ。即日《そのひ》、倭直の祖長尾市を遣わして野見宿禰を喚《め》す。是に野見宿禰出雲より至《まうい》たれり。則ち當麻蹶速と野見宿禰とに捔力《すまひと》らしむ。二人相對ひて立ち、各足を舉げて相蹶《ふ》む。則ち當麻蹶速の脇骨《かたはらほね》を蹶折《ふみさ》く。亦其の腰を蹈折《ふみくじ》きて殺しつ。故れ當麻蹶速の地を奪《と》りて悉に野見宿禰に賜ふ。是れ其の邑に腰折田《こしをれた》有る縁なり。野見宿禰乃ち留り仕へまつる。(中巻64～65頁)

當麻蹶速

野見宿禰

ご存知當麻蹶速と野見宿禰の一番勝負。以上が『日本書紀』に記述されている有名な相撲に関する描写のすべてです。この部分は「日本書紀巻第六」活目入彦五十狭天皇《いくめいりひこいさちのすめらみこと》、すな

相撲

わち推仁天皇のなかで描かれています。精確には垂仁天皇の御代の「七年」といいますから、紀元前22年と推定することができます。これがわが国最古の相撲に関する記述となります。

紀元前22年

この描写を読む限りでは、こんにちのわたしたちがテレビで観戦しておなじみになっている相撲とはずいぶん違うものであったことがわかります。まず第一には、「二人相對ひて立ち、各足を擧げて相蹶む」というのですから、お互いに「蹴り合い」をしたことになり、まるで空手か、タイ式のキック・ボクシングのようなものであったことになります。しかも、決まり手は「脇骨《かたはらぼね》を蹶折《ふみさ》く」ということですから、いわゆる「あばら骨」を蹴って折ってしまったという次第です。のみならず、「其の腰を蹈折《ふみくじ》きて殺しつ」というのですから、腰椎を踏みつけて折って殺した、というように「とどめ」まで刺しています。こうなりますと、もはや「果たし合い」以外のなにものでもありません。

「蹴り合い」

「果たし合い」

野見族と當麻族の決闘

わが国の相撲に関する最初の記述がこのような内容であることに驚かれる読者は少なくないと思います。しかし、よく考えてみますと、相撲といえども立派な「格闘技」であるわけですから、その起源が相手に「勝つ」こと、相手を「やっつける」ことにあったことは間違いありません。ですから、相撲といえども究極的には「決闘」であり、相手を「殺す」ということも当然のことであったことがわかってきます。

「決闘」

長い相撲の歴史をふり返ってみても、こんにちのような大相撲の形式が整ったのはつい最近のことで、それまではルールも組織も形態も地域ごとに違っていたというのが実情です。ですから、農耕儀礼と密接な結びつきをもったところでおこなわれる神事相撲もあれば（これらのうちですら、神殿のなかで奉納される「舞い」のような形態のものから、神殿の前庭でおこなわれる「競技」形態を持つもの、さらには田のなかで一定の手続きを経て展開される「もみ合い」のような形態を持つもの、等々、多種多様といわねばなりません）、一場の余興としての「力くらべ」であったり、紛争の解決策としての相撲（仲直りのための相撲から決闘をして決着をつける相撲にいたる広範囲のものがあります）であったり、といった具合に、その種類をかぞえ上げるだけでも容易ではありません。

神事相撲

「力くらべ」

『日本書紀』に描かれた當麻蹶速と野見宿禰の相撲は、このような相撲のひろがりのなかに位置づけて考えなおしてみますと、それは紛争解決のための「決闘」相撲であったということがわかってきます。しかも、その紛争の背景と思われるものが、筆者がスポーツ史を考える際の重要な関心事と密接な関係があると思われますので、その辺りのことを少し

紛争解決

触れてみたいと思います。

当麻寺とか、当麻町という名前が奈良県の二上山のふもとに現在も残っているように、當麻蹶速というのはこの地方に勢力を誇った豪族の頭領でした。かれがその腕力にものをいわせて暴れまわったものですから、天皇の見とがめるところとなりましたが、これを鎮圧するだけの力がありません。そこで天皇は「羣卿」と相談して出雲国の野見宿禰に鎮圧を依頼します。その決着のつけ方が「捔力」であったわけです。ですから、その「捔力」が一対一の殺し合いとなったのは至極当然ということになります。冒頭の引用文のなかでも「死生《しにいくること》を期《い》はず、頓《ひたぶる》に争力《ちからくらべ》することを得む」と當麻蹶速自身が宣言しているくらいですから、これはもう最初から「決闘」であったわけです。

葬祭儀礼と相撲の関係

ここには土着の旧豪族と天皇家との対立抗争、ならびに外来の新興勢力による旧豪族の排除という図式が浮かび上がってきます。問題はこれだけではありません。新しく当麻の地を治めることになった野見宿禰は出雲からきたことになっていますが、その祖先は明らかに渡来人ではなかったかと思われるふしがあります。たとえば、

豪族

対立抗争

渡来人

今此の行《たび》の葬《もがり》に奈何《いかが》せむ。是に於て野見宿禰進みて曰く、夫れ君王《きみ》の陵墓に生きたる人を埋立つるは是れ不良《さがなし》。豈後葉《のちのよ》に伝ふることを得むや。願はくは今将に便《たより》なる事を議りて奏さむ。則ち使者を遣して出雲國の土部壹佰人《はしべひともももたり》を喚上《めしあ》げ、自ら土部等《はしべたち》を領《つか》ひて埴《はにつち》を取り、以て人馬及び種種《くさぐさ》の物の形を造作りて、天皇に獻りて曰く、今より以後、是の土物《はにもの》を以て生きたる人に更易《か》へて陵墓に樹て、後葉《のちのよ》の法則《のり》とせむ。（中巻69～70頁）

埴

というように、野見宿禰は葬儀に際して「生き埋め」を廃止し、その代わりに「埴」を埋めよ、と提言します。このことはなにを意味しているのかといいますと、第一点は、野見宿禰が葬儀の祭式に明るく、場合によっては葬儀全般を執りおこなう部族の出身であった可能性があるということ、第二点は、生き埋めを「不良《さがなし》」とする高文化がかれの背景に認められること（大和朝廷よりも出雲の方が高文化を有していたと断定しなければならない矛盾については、別途検討が必要）、第三点は、埴をとおしてこの時代の風俗や習慣を窺い知ることができること、などです。

高文化

相撲の起源やそれを支えた人びとについてはまだ不明な点が多く残されています。一説によれば、中国の相撲は葬祭儀礼と密接な結びつきを持っており、相撲は葬儀にたずさわ

葬祭儀礼

った人びとによって継承・発展されたふしがあるといいます。もし、この説が事実であるとすれば、相撲→野見宿禰→埴→葬儀という符合はあまりにみごとというほかはありません。ひょっとしたら、野見宿禰は「蹴り」に関する高度な技術を身につけた中国からの渡来人ではなかったか、と想像してみるのも楽しい仮説の一つです。

蹴鞠に関する最古の記録

……中臣鎌子連《なかとみのかまこむらじ》は人と為《な》り忠正《ただ》しく、匡《たす》け済《すく》ふ心有り。乃ち蘇我臣入鹿が君臣長幼《きみやつこらまこのかみおと》の序《ついで》を失ひ、社稷《くに》を闚覦《うかが》ふ權《はかりごと》を挟《わきばさ》むことを憤《いく》ひて、王宗《きむたち》の中《みなか》に歴試接《つたひまじは》りて、功名を立《いたはり》つべき哲主《さかしききみ》を求む。便ち心を中大兄《なかのおひね》に附く。疏然《さかりて》、未だ其の幽抱《ふかきこころ》を展《の》ぶることを獲ず。偶《たまさか》に中大兄《なかのおひね》に、法興寺《ほうこうじ》の槻樹《つきのき》の下《もと》に、打毬《くゆるまり》の侶《ともがら》に預《まじ》りて、皮鞋《みくつ》の毬の随《まま》に脱《ぬ》げ落つるを候《まも》りて、掌中《たなうら》に取置《とりも》ちて、前《すす》み跪き恭《つつ》しみて奉る中大兄。對《むか》ひ跪きて敬《ゐやま》ひ執りたまふ。茲《これ》より相善《むつ》びて倶に懐《おも》ふ所を述ぶ。既に匿す所無し。復た他《ひと》の頻りに接《まじは》ることを嫌《うたが》はむことを恐れて、倶に手に黄巻《ふみまき》を把《と》りて、自ら周孔の教《のり》を南淵先生《みなぶちせむしやう》の所《もと》に學ぶ。遂に路上往還之間《みちのあひだかよふころはひ》に於て、肩を並べて潜《ひそ》かに圖《はか》りたまへり、相協《かな》はずといふこと無し。是《ここ》に中臣鎌子連議《はか》りて曰く、大事を謀るには、輔《たすけ》有るに如《し》かず。請ふ蘇我倉山田麻呂《そがくらやまだのまろ》が長女《えひめ》

法興寺

打毬

訓読『日本書紀』

を納《めしい》れて妃《みめ》と為して、婚姻《むこしうと》の昵《むつび》を成《な》したまへ。然して後に陳《の》べ説《と》きて興《とも》に事を計らむと欲す。功《いたはり》を成す路、茲《これ》より近きは莫《な》し。中大兄聞きて大に悦び、曲《つまびらか》に議《はか》る所に従ひたまふ。（下巻191～192頁）

この部分もまた日本の歴史に大きな足跡を残すことになった大化改新の発端をわたしたちに語ってくれています。中臣鎌足と中大兄皇子が法興寺でおこなわれた蹴鞠《けまり》の仲間にまぎれて接近し、お互いの意志を通わせ合ったという、歌舞伎でいえば名場面ということになります。大化改新というような歴史的な大革命を導き出すための密約の場に蹴鞠の場が選ばれたという点が興味深いところです。

蹴鞠

ここに出てきます法興寺というのは奈良県明日香村にある飛鳥寺のことで、六世紀末に蘇我馬子が建てた寺です。この蘇我氏の菩提寺ともいうべき法興寺で、こともあろうに蘇我氏を滅亡させるための密約がなされたというのですから、仏様のご加護もなにもあったものではありません。ちなみに、この法興寺は平城京遷都時に別院を、現在の奈良市内に建て、その寺を元興寺と名づけた関係から本元興寺《もとがんごうじ》と呼ばれたこともありました。元興寺極楽坊は国宝として奈良の旧市内にいまも全盛時のおもかげの一部をとどめています。南都七大寺の一つです。しかし、現在、この寺を訪ねて大化改新まで思いを馳せ、蹴鞠を連

飛鳥寺

想する人はまず皆無といってよいでしょう。

「けまり祭り」

この法興寺の蹴鞠がおこなわれたのは皇極天皇の三年といいますから紀元644年に相当します。しかも春正月とありますのでまだ寒い時期だったことになります。こんにちではこの故事にちなんだ「けまり祭り」が毎年11月の第二日曜日、談山神社でおこなわれています。ここでおこなわれる蹴鞠は京都の「蹴鞠保存会」の人びとによって演じられますが、烏帽子、狩袴、鞠靴といったむかしながらの装束に身をつつみ、古式床しくおこなわれています。談山神社は藤原鎌足を祭神とする神社で、かれの墓所でもあります。

水泳に関する最古の記録

……是を以て既に年月を経れども、猶恨忿《うらみいかると》を懐きて、弟を殺さむという志あり。仍りて弟を欺きて曰く、頃者《このごろ》、止屋淵《やむやの》に於て多《さは》に萋《も》生《お》ひたり。願はくは共に行きて見ま欲《ほ》し。弟則ち兄に随ひて往けり。是より先に、兄竊に木刀《きだち》を作り、形真刀《まだち》に似たり。當時《ときに》自ら佩けり。弟真刀を佩けり。共に淵の頭に到りて、兄、弟に謂りて曰く、淵の水清冷《いさぎよ》し。願はくは共に游沐《かはあみ》せむと欲《おも》ふ。弟、兄の言に従ひて、各佩かせる刀《たち》を解《ぬ》きて、淵の邉に置きて、水中に沐《かはあ》む。乃ち兄先づ陸に上りて、弟の真刀を取りて自ら佩く。後に弟驚き

訓読『日本書紀』

て兄の木刀を取りて、共に相撃つ。弟木刀を抜くことを得ず。兄、弟飯入根を撃ちて殺しつ。故れ時の人歌ひて曰く、ヤクモタツ《八雲起》、イヅモタケルガ《出雲梟師》、ハケルタチ《所佩太刀》、ツヅラサハマキ《黒葛多巻》、サミナシ《鍬無》ニ、アハレ。（中巻53～54頁）

日本最古の記述

水泳に関する日本最古の記述としてしばしば引用される有名なところです（『古事記』を参照のこと）。

娯楽

問題は、これだけしかない描写をとおして、「泳いだ」と判定できるのかどうかという点です。「游沐《かわあみ》せむ」はどう頑張って拡大解釈したところでせいぜい「水浴びしながら遊ぼう」という程度にしかなりません。もっとも、「水浴び遊び」こそ水泳教程の第一歩であると強弁することはできそうです。が、それでも「泳いだ」にはなりそうもありません。ただし、水浴びして遊ぶことが一般の風習として広くゆきわたっていたようではありますので、この時代の日本人はすでに泳いでいたと推定することはできそうです。しかも、漁師が職業上の必要から泳ぐのではなく、たんなる娯楽として泳ぐことが広まっていたらしいことは注目してよいと思われます。

鷹狩りに関する最古の記録

このような視点に立ってこの『日本書紀』をもう一度読み直してみますと、興味深い記述をあちこちに散見することができます。つぎに、まことに断片的ではありますが、面白そうな記述をひろってみたいと思います。

異しき鳥

四十三年秋九月庚子朔、依網屯倉《よさみのみやけ》の阿弭古《あびこ》異しき鳥を捕へて、天皇に獻りて曰さく、臣毎に網を張りて鳥を捕るに、未だ曾て是の鳥の類を得ず。故れ奇《めづら》しみて獻る。天皇酒君を召して鳥を示《み》せて曰く、是れ何の鳥ぞ。酒君對へて言さく、此の鳥の類多《さは》に百濟に在り。馴《なつ》け得てば能く人に從ふ。亦捷く飛びて諸鳥を掠む。百濟の俗《ひと》此の鳥を號けて

鷹

倶知《くち》と曰ふ。〔是れ今の時の鷹なり〕乃ち酒君に授けて養ひ馴けしむ。未だ幾時《いくばく》ならずして馴くことを得たり。酒君則ち韋　婚《をしかはのあしを》を以て其の足に著け、小鈴を以て其の尾に著けて、腕《ただむき》の上に居《す》ゑて天皇に獻る。是の日百舌鳥野《もずの》に幸して遊獵《かり》したまふ。時に雌雉《めきじ》多に起つ。乃ち鷹を放ちて捕へしむ。忽に數十《あまた》の雉を獲つ。是の月月に甫めて鷹甘部《たかかひべ》を定む。故れ時人其の鷹を養《か》へる處を號けて鷹甘邑と曰ふ。（中巻173頁）

紀元３５５年

この話は仁徳天皇四十三年秋九月のところに出てきますので紀元３５５年に相当します。

百済

当然のことながら本邦初の鷹匠誕生にまつわる最古の記述という次第です。ただ、興味深いのはこの時代の日本では鷹はまだごく珍しい鳥に属していて、どうやら百済を経由して日本に入ってきたらしい、ということです。しかも、百済にはすでにたくさん棲息しており、飼い馴らして鷹狩りを楽しんでいたという事実です。

鷹狩り

鷹狩りの起源や伝播について調べてみますと（『最新スポーツ大事典』大修館書店、１９８７年）、以下のようです。鷹狩りの起源は中央アジアの遊牧民というのが定説で、およそ紀元前13世紀（あるいは文字を発明する以前）までさかのぼることができるといいます。わが国への伝播は中国大陸（紀元前7世紀）から朝鮮半島（西暦3年）を経て4世紀に日本へという経路をたどったようです。

中央アジアから東端の日本に達した年代は、その正反対である西端のイギリスに達した年代に比較すると、かなり早かったといえます。つまり、イギリスに初めて鷹狩りが登場するのは9世紀中ごろというのですから、これはかなり遅かったと言うしかありません。その理由として考えられますことは、ヨーロッパ大陸が一つのネックとなっていたということです。ヨーロッパ大陸というのはいまでこそ文明先進国の代名詞のようにわたしたちの頭に刻印されていますが、時代をさかのぼればさかのぼるほど他の諸文明圏からとり残された大陸の孤島であったようです。

闘鶏に関する最古の記録

……八月、官者《とねり》吉備弓削部虚空《おほそら》、取急《あからさま》に家に歸る。吉備下道臣前津屋《さきつや》〔或本に云ふ、國造吉備臣山。〕留《とど》めて、虚空をして月を經るまで京都に上ることを肯聽《うけが》はざらしむ。天皇身毛《むけの》君丈夫《ますらを》を遣して召さしめたまふ。虚空召されて来《まゐき》て言さく、前津屋、小女《をとめ》を以て天皇の人《みひと》と爲し、大女《おほめのこ》を以て己が人と爲し、競ひて相闘はしむ。幼女《をとめ》の勝つを見て、即ち刀を抜きて殺す。復た小なる雄鶏を以て呼びて天皇の鶏として、手を抜き翼を剪る。大なる雄鶏を以て呼びて己が鶏として、鈴金の距《あこえ》を著けて競ひて闘はしむ。禿《つぶれ》なる鶏の勝つを見て、亦刀を抜きて殺しぬとまうす。天皇是の語を聞きて、物部の兵人《いくさびと》卌人を遣して、前津屋并に族七十人を誅殺《ころ》さしむ。（中巻224～225頁）

女

競ひて相闘はしむ

雄鶏

この話は雄略天皇七年八月（紀元４６２年）の出来事として描かれています。小見出しには「吉備下道臣前津屋の大不敬」とあり、主題は不敬罪にありますが、筆者の関心事は女と女の闘いと闘鶏にあります。人間も鶏も同列で賭けの手段にされているという事実には驚かされますが、ここではそれほどまでに賭けごとが盛んにおこなわれていたという事実

女と女の闘い

闘鶏

に注目したいと思います。

闘鶏のはじまりは鶏の家畜化と同時だといわれるほど古く、むかしから人類史と歩みをともにしてきたきわめて重要な文化の一つだ、と筆者が考えていることを白状しておきたいと思います。この『日本書紀』のなかではもう二カ所「是の歳、額田大中彦皇子闘鶏に猟《つけ》したまふ」(中巻175頁)および「因りて闘鶏稲置大山主《おほやまぬし》を喚して問ひて曰く」(中巻176頁)と記述されていますように、もはや地名として呼びならされるほどに「闘鶏」はポピュラーな遊びであったことが伺われます。闘鶏のふくみもつ文化としての懐の深さもさることながら、それを支えた人間の心性や社会の構成がどのようなものであったか、そのようなところで闘鶏のはたした役割はなにであったのか、というような点にも強く引きつけられるものがあります。

なお、引用文中の「鈴金の距《あこえ》を著けて競ひて闘はしむ」(中巻225頁)には注解が付されており、「距は蹶爪なり、即ち蹶爪に金属を著けて闘はしむるなり」(中巻245頁)とありますから、この時代にはすでにかなり高度な闘鶏技術に達していたことがわかります。

『ベーオウルフ』——中世イギリス英雄叙事詩

忍足欣四郎訳、岩波文庫

——「フェア・プレイ」のルーツとキリスト教

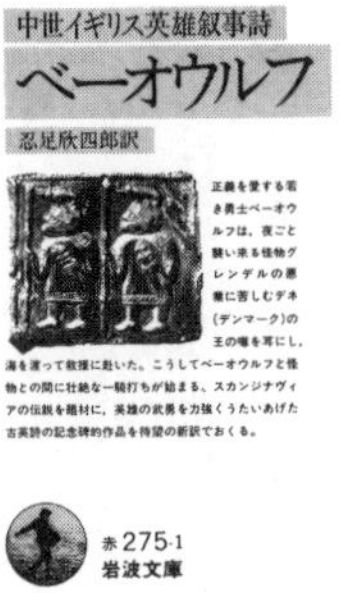

ベーオウルフの活躍の場

南スウェーデンの人

およそ、8世紀ころの作といわれる英雄叙事詩『ベーオウルフ』を取り上げてみました。副題には「中世イギリス英雄叙事詩」とありますが、厳密にいいますと、英雄ベーオウルフはいまの南スウェーデンの人であり、この物語の舞台はいまのデンマーク（コペンハーゲン）です。われわれ日本人からしますと、なぜ、それがイギリスの英雄叙事詩になるのか、という疑問が湧いてくるところです。が、イギリス建国の歴史を繙いてみますとなんの不思議もありません。この地方の人びとが何回にもわたってブリテン島に移住していって、のちの大英帝国を形成したのですから。

妖怪グレンデルを退治

さて、英雄ベーオウルフは、海をへだてた隣の国デネに出没する妖怪グレンデルを退治するためにこの国に渡り、みごとこの妖怪とその母を仕留めて帰国します。のちに、自国を襲う「竜」と闘い、相討ちとなってこの世を去ります。お断わりするまでもなく、この物語は、神（キリスト教）の意を帯した英雄ベーオウルフが、神の教えに逆らって抵抗をつづける「異教」の民を懲らしめるという、一連のヨーロッパ中世英雄叙事詩のモチーフをベースにしています。どの地方の英雄譚も同じですが、勝てば「英雄」、負ければ「妖怪」

というわけです。

「槍部隊」とデンマーク体操

いよいよ本題に入りたいと思います。この物語はつぎの一節から始まります。

いざ聴き給え、そのかみの槍の誉れ高きデネ人《びと》の勲《いさおし》、民の王たる人々の武名は、貴人《あてびと》らが天晴《あっぱ》れの勇武の振舞をなせし次第は、語り継がれてわれらが耳に及ぶところとなった。（15頁）

いまのデンマーク人の祖先は「槍の誉れ高き」人びとであった、という描写が筆者の眼にとまります。他のところにも「槍の誉れ高きデネの人々から戦を仕掛けられる気遣いもあるまいと思っているのだ」という一節があり、この時代にはよく知られたデンマーク人の特質であったことがわかります。

「槍の誉れ高き」人びと

ヨーロッパ中世の「槍部隊」は、絵画やいろいろの図像などで知ることができるのですが、およそ40～50人がほぼ正方形に近い隊列を組んで、そのまま行進をしたり、戦場で戦

「槍部隊」

ったりしています。この一糸乱れぬ戦闘部隊が「槍部隊」の強さの秘訣だったようです。つまり、団結力とチームワークのよさが問われたのではないかと思われます。そういう点で「デネの人々」はすぐれた特質を持っていたと思われます。

「デンマーク体操」

近代に入ってデンマークといえば、わたしたち日本人に馴染みの深いものに「デンマーク体操」があります。こんにちのデンマーク体操はまた大きく様変わり（現代化）していますが、初期のころの、あの力強く、整然とした、文字どおり一糸乱れぬ集団演技のルーツではないか、と筆者は連想したりしています。

「スポーツ」と「体操」

ついでに、もう一歩連想を膨らませておきますとつぎのようです。19世紀末のイギリスでは、パブリック・スクールでは「スポーツ教育」がおこなわれていましたが、他方、公立学校では「北欧体操」（スウェーデン体操、デンマーク体操）が導入され、奨励されていました。つまり、エリートには「スポーツ」を、被支配階層の子弟には「体操」を奨励したというのも、このような歴史過程と無縁ではなかったのではないかと、筆者はハタと思いいたります。

トロフィーの連想

ところで、つぎの一節から読者のみなさんはなにを連想されるでしょうか。

……戦《いくさ》において勇猛なる者が、
グレンデルの手を、そして腕と肩とを――そこには
鉤爪《かぎづめ》がすべて備わっていたが――
広々とした屋根の下に吊した時、それは彼の勲《いさおし》の明らかなる徴《しるし》となったのである。（88頁）

鉤爪

英雄ベーオウルフが妖怪グレンデルの片腕をもぎ取ってきて、それを館の軒下に吊るして見せ物にした、という話です。この話から筆者は「トロフィー」を連想するといったら、「トロフィー」いささか常軌を逸していると思われるでしょうか。そう、あのスポーツ競技会の優勝者などに与えられるトロフィーです。どうして、妖怪の片腕がスポーツのトロフィーにつながるのか、もう少し考えてみましょう。

……勇気凜々《りんりん》たる一行は
水際《みぎわ》の切り岸よりグレンデルの頭《こうべ》を、
それぞれにとって難儀なことながらも、威風堂々と

運んで行った。グレンデルの首級《しゅきゅう》を槍の柄に括《くく》り付けて、四人がかりにて黄金の館へと、難渋しつつ担ぎ行かねばならなかったのである。（159頁）

首級

そして、

……人々がつねづね酒を飲む館の床《ゆか》に、
グレンデルの首が恐ろしき形相《ぎょうそう》にて頭髪を掴《つか》まれたまま
男《お》の子らの面前へ、そしてまたかの女性《にょしょう》の前へと運ばれてきた。
さても摩訶《まか》不思議なる光景であった。人々は目を瞠《みは》ってそれを眺めた。（160頁）

「首実検」とトロフィー

敵の大将の首級をあげて凱旋し、主君にその首級をささげる、というしきたりは日本の戦国時代にもありました。一つには、間違いなく敵の大将であるかどうかを確認するための、文字どおりの「首実検」でした。敵の大将の首をはねて、それを戦利品として持ち帰

「首実検」

るしきたりがヨーロッパでいつごろから始まるのか、確認はできていません。しかし、ヨーロッパ中世の騎士たちは敵の大将の首級をあげ、それを証拠として持ち帰ることによって、主君から数々の褒賞を受ける、というのが主従の忠誠のあかしであったことは確かです。ときには、征服した異教の地をそっくり頂戴して領主になることもあったのです。つまり、首級は最高の戦利品であったわけです。

戦利品

この「戦利品」が、じつは「トロフィー」(trophy)の語源なのです。同じように、狩猟のときの「戦利品」(＝獲物)も「トロフィー」です。戦のときの「戦利品」と、狩猟のときの「戦利品」と、どちらが先に「トロフィー」と呼ぶようになったのか、その先後関係ははっきりしていません。が、いずれにしましても「トロフィー」とは「首級」のことなのです。

剥製

いまでも、狩猟の好きな人の家の壁面には、自分で仕留めた獲物の「頭部」の剥製がずらりと飾ってあるのを見ることができます。あれが「トロフィー」なのです。この光景は、たとえば、ゴルフ好きの人の家の応接間に自分の獲得した「トロフィー」がずらりと並んでいるのと、まったく同じです。

日本では「トロフィー」といえば、スポーツ専用の用語だと思われていますが、ヨーロッパではいまでも狩猟の「トロフィー」が生きたことばとして用いられています。

以上が、妖怪の「片腕」を軒下に吊るすのと、ゴルフの「トロフィー」を応接間に飾るのとは同根である、ということの説明です。

テニスの起源と異教徒の鉤爪とバスク人の手のひら

同じような連想問題をもう一つ出してみたいと思います。こちらは少し難解です。

異教の兵

さて、エッジラーフの子息は、貴人らが
亭々《ていてい》たる屋根を見上げ、勇士の力によってそこに
懸けられた手を、敵の指を見た時、
武勇の振舞についての言挙《ことあ》げにかけては
先刻よりも言葉寡《すく》なであった。指の先端から伸びる
一本一本の爪、異教の兵《つわもの》の
おぞましき大きなる鉤爪《かぎづめ》は、さながら
鋼鉄のごとくであった。いかに優れた
堅固この上なき鉄《くろがね》の剣といえども

彼奴《きゃつ》に一撃を加え、怪物の血に塗《まみ》れた戦《いくさ》を好む手に痛手《いたで》を負わせるわけには行くまいと、一同は口々に語った。（101〜102頁）

この一節からテニスの起源を連想できる人は、ほんとうに限られた人だけだといってよいでしょう。なぜなら、これがわかる人はバスク民族の「ペロタ球戯」のことをある程度知っている人か、あるいは、H・ギルマイスターの『テニスの文化史』（稲垣・奈良・船井訳、大修館書店、１９９３年）を読んだ人、以外には考えられないからです。

「ペロタ球戯」

H.ギルマイスター

その理由はつぎのとおりです。

まず、H・ギルマイスターの説によりますと、テニスの起源はつぎのような説話にいきつくことになります。12世紀のフランス北部のある修道院で修道士になるための勉強をしていたある学生が、ある日、熱病に冒されて死線をさまよいます。高熱にうなされながらその学生はつぎのような幻覚をみます。自分の魂がふわふわと宙を舞い、地獄の谷間に誘導されます。そして、その谷間の両側にならんで立っていた悪魔たちが、その魂を手でつかんで向う側に投げつけ、つぎつぎにキャッチ・ボールを始めます。そのときの悪魔たちの手に鋼鉄のような「鉤爪」がついていて、それが「魂」にくい込んで我慢ならぬほどの痛さであった、といいます。病気の癒えた学生は、このときの幻覚をもとにしてボールゲ

鋼鉄のような「鉤爪」

ームを創案した。それがこんにちの「テニス」の始まりである、というわけです。このことが修道院のきちんとした文書のなかに記録されている、というのですから驚きです（詳しくは、上記『テニスの文化史』参照のこと）。これが一つです。

バスク民族

もう一つのバスク民族の「ペロタ球戯」についてはつぎのようです。

「男」の勲章

「異教徒」

これまでも何回もこの連載で取り上げていますので、ごく要点だけを述べておきます。「ペロタ球戯」とは原則として「壁に向かって、二人で交互に固いボールを手の平で打ち返す球戯」と理解しておいてください。したがって、手の平の固さと痛みの我慢強さが、このゲームの勝負の分かれ目となります。バスク民族にとっては「ペロタ球戯」に秀でていることが「男」の勲章でもありますので、かれらは小さいときから「堅固この上なき」手を作ることに懸命の努力をします。また、12世紀以前といえば、多くのバスク民族がまだキリスト教に改宗する前の、いわゆる「異教徒」でした。ですから、さきの「悪魔のキャッチ・ボール」は、筆者の頭のなかではバスク民族が英雄ローランをバスタン谷で攻めたてたときのイメージとみごとに重なってしまいます（詳しくは、『ローランの歌』参照のこと）。

以上が、この連想問題の筆者の解答です。

「選手宣誓」のルーツ？

つぎに、「言挙げ」についての描写をみることにします。これは、一種の「選手宣誓」の原点ではないかと筆者は考えております。

しかる後に、すぐれたる勇士、イェーアト人《びと》のベーオウルフは、
床に就くに先立って天晴《あっぱ》れなる言挙《ことあ》げをなした。
「それがしは、武勇にかけては、戦《いくさ》の振舞においては、
自らを恃《たの》むグレンデルより些《いささ》かなりとも劣るとは思わぬ。
それ故、それがしにはいと容易《たやす》き業《わざ》とはいえ、
彼奴《きゃつ》を剣もて斃《たお》し、命を奪うつもりはない。
彼奴は憎悪の所業にて音に聞こえておるとはいえ、
それがしに打ち掛かり、楯を切り裂くがごとき便宜の業を
心得ぬからには。さにあらずして、もしも彼奴が敢《あ》えて
武器を用いずして闘いを求めるならば、われらは互いに
夜中《やちゅう》剣を用いるのを控えて相見《まみ》えねばならず、
さすれば、賢き神、聖なる主は、

『ベーオウルフ』

相応《ふさわ》しと思《おぼ》し召される側に栄誉をお授け下さるであろう。」（75～76頁）

これは英雄ベーオウルフが妖怪グレンデルと戦う前夜におこなった「言挙げ」です。わが信ずる神に対し、明らかに、正々堂々と戦うことを誓っているのですから、これはこんにちのスポーツ競技会の重要なセレモニーの一つとなっている「選手宣誓」といってよいでしょう。相手に武器を持って戦う業がないのであれば、それに合わせて戦おう、と誓うのですから。

ただ、興味深いのは、遊びでもスポーツでもなんでもない、たんなる「殺し合い」に際し「フェア」に戦うことを神に誓うことです。もっと言ってしまえばキリスト教の戦士が異教徒を征伐するに際し、「フェア」に征伐することにこだわっている点です。このあたりにヨーロッパ中世の騎士にみられる一種の「美学」の萌芽があるのかもしれません。それがやがて、のちのスポーツマンシップに継承されていく……。

「言挙げ」
「フェア」
「美学」

「フェア・プレイ」のルーツ？

そう思って、もう一度、この本を読み返してみますと、これに類する描写はあちこちに

登場してきます。たとえば、

怒り心頭に発した戦士は、装飾を施し
刃文《はもん》のついた剣を抛《なげう》てば、鍛《きた》え抜かれた鋼《はがね》の剣は
地の面《おもて》に転《ころ》がった。彼は自らの力を、
手力《たぢから》を恃《たの》んでいたのである。戦《いくさ》に臨んで
千載《せんざい》の後にまで伝わる功名《こうみょう》を立てんとするほどの者は、
まさにかく振舞うべきであって、些かも命を惜しまぬものである。(151頁)

とか、あるいはまた、

……「その昔クレンデルを相手になしたる時のごとく、
この怪物に対しても、正々堂々と
組打ちをなすべきすべを心得ておるならば、
予は剣を、武器を竜の許へ携えて行こうなどとは思わぬであろう。……(239頁)

手力

正々堂々

という具合です。このような描写をよくよく読んでみますと、二つのことが頭に浮かんできます。一つは、武器を持たずに戦う「組打ち」が武人としてはもっとも「フェア」な戦い方であり、後世に名を残す戦い方であるという点です。もう一つは、妖怪や怪物、すなわち、異教徒たちは武器らしい武器を持っていなかったという点です。この二点は、筆者にまたいろいろのことを考えさせてくれます。

「組打ち」

たとえば、文明の上位の者は下位の者のレベルに合わせて戦うのが「フェア」ということの意味であるという点、つまり、ハイテクノロジーで完全武装された武器で弱者に攻撃を仕掛けるのはもっとも卑劣な戦い方であるということを、少なくとも初期のキリスト教徒は知っていたということです。本当の「フェア」とはなにか、この先は限りなく脱線していきそうですので、この問題は読者の推測に委ねたいと思います。

卑劣な戦い方

さいごに一言。どの英雄叙事詩も同じですが、この他にも多くのスポーツ的な描写がこの作品にも含まれています。たとえば、水泳（七日七晩におよぶ競泳）、競馬、吟唱、女人の武勇、リーダーの条件、などの興味深い話題がいっぱいです。ぜひ、原典をも合わせ読まれますことをお薦めします。

『ローランの歌』——狐物語

佐藤輝夫訳、ちくま文庫

——バスク民族の「ペロタ球戯」を抑圧・隠蔽するキリスト教文化

ラジオ歌謡「ピレネーの山の男」との出会い

いまから40年ほど前に、たしかNHKのラジオ歌謡で歌われていたように記憶するのですが、「ピレネーの山の男」という歌がありました。ちょうどその頃、わたしが山歩きの楽しさにひかれていたこともあって、この歌がたいそう気に入りました。以後、山の頂上に立つたびに大声を張り上げてこの歌を歌うのをつねとしていました。また、宴会などでどうしてもなにか歌わなければならないときには、まわりの迷惑もかえりみず、ひたすらこの歌を歌いつづけてきました。いわば、わたしの唯一の愛唱歌というわけです。

あるとき——精確に言えば1986年3月——この「ピレネーの山の男」が、たんなる樵の歌ではなくて「バスク民族」の樵の歌である、ということに気づきました。ちょうど、ウィーン大学の付属図書館の書庫のなかで、春休みを利用してスペイン領バスク地区に取材に行くための準備をしていたときでした。大きな地図をひろげて、バスク民族居住地区といわれるスペイン北西部の、小さな活字で書かれた名もない地名をなぞっているとき、突然、大きな活字の「Pyrenees」という文字が眼の中に飛び込んできました。びっくりして、思わず「アッ」と声を発し、それから3～4秒あって「ゾクゾクッ」と背筋

「ピレネーの山の男」

「バスク民族」

「Pyrenees」

に走るものがありました。

これはよい取材ができる、そんな予感に包まれて気持よく旅にでることができました。そして、短期間にしては予想をはるかに上回る成果をあげることができましたので、今回はその一部を「文学」との接点でご紹介してみたいと思います。

キリスト教とイスラム教の戦い

われらが大帝シャルルの王《きみ》は、　シャルル
まる七年《ななとせ》をイスパンヤに在《おわ》しまして
海の辺《ほとり》にいたるまでこの高地を統《す》べ給えり。
御稜威《みいず》の前には城ことごとく攻め落とされ、
砦《とりで》も都市《まち》も撃ち毀《こぼ》たれて
残るはただ山間《やまかい》なるサラゴッスのみ。　サラゴッス
此所《ここ》を領じるは王マルシルとして、神を崇めず
マホメットを拝《おが》み、アポリンに祈るやからなれば、
所詮《しょせん》滅亡は免れがたし！　アオイ（9頁）

フランス英雄叙事詩『ローランの歌』の冒頭の書き出しです。大帝シャルルとは、シャルルマーニュ（742〜814年）、フランク王にして西ローマ帝国皇帝（801年より）のこと、敬虔王ルイの父。イスパンヤはイスパニヤ、現在のスペインのこと。アポリンはギリシア神話のアポロン。要約しますと、「フランスの王シャルルが7年間スペインに滞在している間に、バスク地区をことごとく制圧したけれども、唯ひとつ、山間の都市サラゴッスだけが残ってしまった。しかし、そこを治めるマルシル王はキリスト教を無視する異教徒、すなわち、イスラム教を信じ、ギリシアの神々を祈る人間だから、いずれ滅びるしかないのだ」ということになります。

イスラム教

英雄ローランの死と「聖戦」の合理化

この『ローランの歌』は一定の史実に基づいて創作されたものではありますが、長い間、語りつがれていくうちに、のちの創作がつけ加わったと考えられています。本来ならば、史実と創作のくい違いを整理しておきたいところですが、いまはその余裕もありませんので、とりあえず確認されている史実だけを紹介しておきます。創作の部分はこの作品を読めばある程度はわかりますので。

778年

７７８年、シャルルは、当時、サラセン人に支配されていたスペインに侵入し、シロンヌとパンプリューヌを攻略したのちサラゴッスを攻撃した。しかし、サラゴッスの守りは固く、なかなか陥落しなかった。そうこうするうちにサキソン人が蜂起したという報せを受けたシャルルは軍を引き返さねばならなくなった。そこで、帰路の途中にあるパンプリューヌの城砦を完膚なきまで破壊したのち、ピレネーの渓谷を抜けて帰路を急いだ。しかし、ピレネーの山上にはバスク民族が待ち伏せしていた。かれらはシャルル軍の本隊を支援する殿《しんがり》部隊に襲いかかり、地の利を生かして相手を全滅させて逃走した。このとき、シャルルの右腕ともいうべき英雄「ローラン」も倒れてしまった。

渓谷

ローランの死

以上が、史実のあらましです。この不死鳥とも思われた英雄ローランが奇襲戦法に遭って倒れたという「悲劇」が、この物語の生まれる直接的な動機となっています。しかし、ここで少し視点をずらして考えてみますと面白い地平が見えてきます。

まず最初に、①この『ローランの歌』はフランスが生んだ中世文学であること、つまり、フランス・サイドから語られているためにローランの悲劇が成立しますが、バスク民族サイドからすればことがらは完全に逆転します。

以上のこととまったく同様に、②キリスト教だけが唯一絶対に正しくて、それ以外の異境はすべて邪悪なり、とする宗教的ドグマ主義です。これはこの作品の最初から最後まで一貫した姿勢となっています。ですから、この物語は読み方によっては「宗教戦争」物語だということもできます。

宗教的ドグマ主義

そういう問題意識でこの物語の成立史を確かめてみますと、③こんにち残されている写本は1140〜1160年のころのものであろうと推定されています。内容的にも、キリスト教とイスラム教の総力戦を思わせるような、スケールの大きな発想は第一回十字軍（1096年）以降でなければ不可能であろうと考えられているからです。つまり、778年の「ローランの悲劇」に名を借りた「聖戦」を正当化するための物語ではなかったか、という次第です。どこか、日本の『古事記』や『日本書紀』のつくられ方と似たところがあって、一段と興味をかきたてられます。

第一回十字軍

「聖戦」

「聖戦思想」の誕生

異教の軍勢、サラセン造りの鎖鎧を身につける。
おおかたは三枚重ねたり。
サラゴッスものの岩乗なる兜《かぶと》の緒をしめ

異教の軍勢

ヴィエンナ鍛えの剣を佩《は》き、
見事なる楯を持ち、ヴァレンシアの槍を掻い込む
吹き流しはと見てあれば、白、藍、赤と、色とりどり。
騾馬、化粧馬はすべて乗り棄て、
軍馬に跨がり、ひしめきあって乗り出したり。
天《てん》晴れて、陽は燦然たり。
陽に照り栄えて、物の具煌《こう》々《こう》たらざるはなし。
士気一段と鼓舞するため、百千の喇叭鳴りはためけば、
どよもし天気に轟きて、フランス勢は聞きつけたり。
オリヴィエは言う、「戦友《とも》ローランよ、どうやら
サラセン方と、一戦免れがたいぞ」と。
ローランは答えて、「いや、なに願ったり、叶ったりだ!
主の御為には、一歩たりともここを退くまいぞ。
君の御為には困苦をしのび
炎熱も極寒もものとはせず、
身体髪膚も捧げる覚悟だ!

フランス勢

君の御為

さあ、おのおの方には、必死の覚悟をせられい、
恥は末代まで、さらすまいぞ！
邪はそれ異教徒にあって、味方は正しい。
事、われに関する限り、怯懦《きょうだ》の鑑《かがみ》になりとうないわ！」アオイ（83～84頁）

サラセン文化を背景にした異教の軍団のきらびやかな姿が彷彿とする前半と、「邪はそれ異教徒にあって、味方は正しい」という一文に集約されているように、ここには明白なる「聖戦思想」が盛り込まれています。つまり、キリスト教のみが「正義」であって、異教はすべて「邪悪」なのだ、とする一方的な「偏見」です。言ってしまえば、キリスト教中心主義の誕生です。このような考え方が前面に押し出されてくるのは、少なくとも十字軍が結成されるようになる11世紀以後のこと、と一般には考えられています。ところが、シャルルマーニュ（カール）大帝によるスペイン（イスラム教文化圏）遠征の第一回目から、キリスト教による「聖戦思想」に火がつきます。よくよく考えてみますと、それほどまでにしてでも「大義名分」が必要であった、という次第です。

「聖戦思想」

キリスト教中心主義

「大義名分」

バスク民族を無視する姿勢

十五里

山は高く、渓は暗く、
巌は黒く煙りて、山峡《やまがい》は深し。
この日、フランスの軍勢憂《うれ》いを含んで過《よ》ぎる。
軍馬のどよめき、十五里のかなたに高し。
父祖の地フランス国に辿りつき、
王《きみ》の御領地ガスコーニュを目のあたりにすれば、
おのおの、その本領、采地、そこに住む
乙女と優しの妻ども想い出で、
胸うちさわぎて、涙せざるはなし。
別してシャルルの御胸は重苦し。
イスパンヤの山峡に残せし甥の身を案じ給い
憐れと思し召して、せきくる御涙止《とど》めあえず。アオイ（70頁）

ピレネーの山越え　甥とはローランのことで、ピレネーの山越えをしてスペインからフランスに帰るシャルルの本隊の後陣を守るために残してきたローランの身の上を心配しているシャルルを描いています。そして、シャルルの予感どおり、後陣を守っていたローランの部隊はバスク民族の奇襲に遭って全滅します。しかし、なぜか、この物語のなかには唯の一度も「バスク民族」という言葉は登場しません。

オリヴィエ、山に駆け登り、
イスパンヤ国とサラセン軍を見渡せば、
そこに集う軍勢の数おびただし。
黄金もて宝石をちりばめたる兜、
楯、青色に縁取りたる鎧はきらめき、
槍の根付の吹返しは翩翻《へんぽん》たり。
軍団の数だに数うべくもなく、
げにおびただしき大軍なり。
さすが剛気のオリヴィエも、内心にひどく驚き、
一目散に山駆け降り、
フランス人《びと》に、敵情つぶさに語りたり。(85〜86頁)

サラセン軍

大軍

という具合で、敵軍についてはすべてイスパニヤ国とか、サラセン国とか、あるいは異教軍団という表現しか用いていません。

トラウマとなってしまった「バスク民族」という呼称

ここにも、さきに指摘したような、キリスト教対イスラム教という聖戦の図式が徹底しているように思います。と同時に、もう一歩踏み込んであれこれ想像をめぐらしてみますと、バスク民族についてはは触れたくない、バスク民族を語ること自体が物語の詩情をいちじるしく破壊してしまう、そんな心理が11世紀以降のフランス人の心のなかに流れているのではないか、と思われてなりません。もっと強調しておけば、バスク民族の存在そのものを歴史から抹殺したい、そんな意志が英雄ローランの死以後、フランス人の心のなかに強く働いていたのではないか、ということです。この心性はいまもヨーロッパ＝キリスト教文化圏には色濃く残っています。

歴史から抹殺

つまり、「バスク民族」＝「邪悪」（あるいは、「テロリスト」）というレッテルを貼ってこと足れりとする心情です。そして、賢くて勤勉で、心根のやさしい「バスク民族」の真の姿を知ろうともしません。それほどまでに、英雄ローランの死はキリスト教文化圏に生きる

「邪悪」

トラウマ

人びとのトラウマとなって、こんにちもなお生き続けているのです。

その証拠はつぎの通りです。

第一点は、シャルルがバスク民族から逆襲を受けたのは、かれが初めてスペインに侵攻した778年のことであり、かれは以後20年間、7回にわたってスペインに遠征しているにもかかわらず、バスク民族とはトラブルを起こしていないこと――この事実をどのように考えるかという点にあります。「この敗退は、――中略――シャルル生涯の軍事行動の中でも『重大な』事件であり、しかも攻撃者に対してついにその報復も加えられることなくして終わっている」ということの意味です。

「報復」を加えなかった

第二点は、「777年にフランク王シャルルは、パーデルボーンにきたイスパニヤのサラセン人、すなわちサラゴッスの総督その他二、三の要人と接見する。かれらは、同国における自己の敵である他のサラセン人を攻撃するために、シャルルの救援を要請にきたのである」という事実にあります。「同国における自己の敵であるサラセン人」とは誰のことでしょうか。そして、その「サラセン人」を攻撃に出かけた帰路、逆襲に出てきたのは「バスク民族」だったのですから、答えはおのずから出てくるように思います。ここから、もう一度、第一点に立ち戻って、シャルルはバスク民族に対して「報復」を加えなかった、という事実を考えてみるとさらに興味深い地平が見えてくるように思います。キリスト教

にか歴史の深淵をのぞき込む思いがします。

徒でもない、イスラム教徒でもない、そういう存在としてのバスク民族――この謎ときはな

異彩を放つバスク民族のスポーツ

第三点は、現在に伝承されているバスク民族のスポーツにあります。これまでに取材できている範囲で整理してみますとつぎのようになります（拙稿「バスク民族のスポーツ」、『体育科教育』、大修館書店、1986年12月号、続・スポーツ歴史博物館21、参照）。

かれらのスポーツの第一の特色は、生活術もしくは実用術を競技化した「鋤き返し競技」「草刈り競技」「丸太切り競技」「カッター競技」「羊追い競技」などに見ることができます。バスク民族に伝統的な生活技術をそのまま競技化したもので、「生きる」ことの基本的な技術を尊重しようとする精神が、こんにちもなお脈々と流れているように思います。と同時に、その背景には、長い年月にわたって追われつづけ、ついにピレネー山脈の山ふところに逃げ込み、劣悪な自然環境のなかで民族の生きのびる道を求めつづけた、厳しい歴史過程のあったことを忘れてはなりません。

同様の延長線上に、第二の特色である「力」くらべの競技、すなわち、「石かつぎ競技」

バスク民族のスポーツ

実用術

厳しい歴史過程

「石引き競技」「闘羊」などがあります。第三の特色としては、バスク民族固有の民族舞踊があります。ここにも豊穣を祈願・感謝したり、護身術を思わせる蹴りや棒術、剣舞のようなものが豊富に盛り込まれています。

第四の特色には、勇気を競う「牛追い競技」があります。年に一回だけ、牡牛10数頭を街中に放ち、追い立て、はやし立てながら、暴れ狂う牛の背中を素手で叩いたり、牛の角を片手で握って並走したりして、だれがもっとも勇気ある「行動」をとったかを競うものです。さらに、第五の特色としてペロタ（Pelota）と呼ばれるボール・ゲームを挙げることができます。素手でボールを打ち合う「マノ」をはじめ、用いる道具に応じて「パラ」（木製の打球具）、「セスタ」（籐製）、「レモンテ」（皮革製）、「シャーレ」（柳と縄製）の五つの競技形態に分かれています。とりわけ、「マノ」のシングルス・ゲームは、壁に向かって固いボールを素手で交互に打ち合い、打ち返せなくなった側が失点となる、きわめて苛酷なゲームです。しかし、バスク民族にあっては、この「マノ」のチャンピオンこそ「男のなかの男」として英雄視されているのです。

さて、以上がバスク民族に伝わる伝統的なスポーツのアウト・ラインです。これらは総じて「男のスポーツ」であり、実用的な作業能力、力づよさ、勇気、気力、判断力などが強く要求されているように見受けられます。そしてさらに、これらのスポーツを多角的に

ペロタ

「マノ」

「男のなかの男」

「男のスポーツ」

分析してみますと、いくつかの疑問点が浮かび上がってきます。それらのうち、本稿にかかわる疑問点2点を挙げるとつぎのとおりです。

「武術」がない

第一点。どの民族にもまずは例外なく伝承されていると思われる「武術」(格闘技、弓術、剣術、など)が、なぜかバスク民族には伝承されておらず、わずかに民族舞踊のなかに散見されるにすぎない——この事実をどのように考えたらよいのか。

第二点。現段階におけるテニス史の定説によれば、バスク民族のペロタはテニスの発展形態の1ヴァリエーション、ということになっているが、はたしてそうだろうか。むしろその逆であって、ペロタこそテニスの源流である、と考えることはできないのか。

民族生き残りのために武器・武術を放棄

11世紀末前後

まず第一の疑問点に対するわたくしなりの解答を述べてみますとつぎのようです。

バスク民族がどの時点でキリスト教に改宗したかは、まだ確認できてはいませんが、第一回十字軍が編成された11世紀末前後ではないかと推定されます。それまでのバスク民族はイスラム教徒からも、キリスト教徒からもおびやかされ続けますが、なんとか苦境を切り抜けて、独自のコスモロジーのもとでの生存を維持しています。その典型的な描写を、この『ローランの歌』のなかにも認めることができます。

この時、王マルシルはサラゴッスに在《いま》せり。
いまし園生に降り立ちて、木の下陰につと寄りて、
青大理石《あおなめいし》の台《うてな》の上に横臥《よこたわ》る。
その周辺には二万にあまる軍兵屯《たむろ》す。
王は公伯の諸将を招致して申すには、
「やよ、皆の者よ、何たる禍《まが》の降って沸いたることよ！
馨《かぐわ》しの国フランスが帝王シャルルは
この国に来たり寇《こう》してわれらを攻め滅ぼさんとす。
迎え討たんとは思えど、われらに軍兵なく、
フランス方を破らんとはすれど、味方は手薄し。
如何《いかが》せばや、思案のほどあらんものは申して、
われを死と辱しめより、救いくれよ！」と。
異教のともがら、一言だにになく、答えるはただ深谷《ヴァル・フォンド》の城主ブランカンドランのみ。

三

このブランカンドランと申すは、異教徒のうち
智略衆にすぐれ、且《かつ》うは豪胆の誉れ高き騎士にて、
帷幄《いあく》に策を献じて仕える忠臣なり。
王に向かって申すには、「など御心配に及びましょうや！
あの不遜傲岸《ごうがん》なるシャルルのもとに使臣を遣わし、
御帰順を申し入れ、大なる忠誠のまことをお見せなされませ。
さよう、熊と、獅子と、猟犬と、
七百頭の駱駝《らくだ》と、羽替えしたる千羽の蒼鷹《あおたか》と、
金銀載せた四百頭の牝騾馬と、
それを運ばす五十台の大車を贈りましょう。シャルルは
これをもって傭兵にたんまり給金を取らせましょう。
して、シャルル王には、この国でずいぶん攻略をなされたので、
フランスはエックスにお引取りを願いましょう。
その時、陛下にはシャルルに蹤《つ》いて、サン・ミシェルさまのお祭に御列席なされ、

キリストの教えに帰依《きえ》あそばされ、
名実ともに、シャルルの御家来におなりになされますよう。
してまた、もし人質が要ると申せば、その場でお送りなされませ、
十人でも、二十人でも、王が納得なさるまで。
われらの妻《め》が生んだ子たりとも、送りましょうわい。
殺されるのは必定なれど、みどももわが子を送りましょうわい！
たとえ首を刎《は》ねられましょうとも、
われらが所領と封土を失いて、乞食になり下がるよりは、
はるかにまさるではござりませぬか。」アオイ（9～12頁）

武術訓練の禁止

このような交渉が何回となく繰り返されたのち、やがて本当にキリスト教に帰順しなければならないときがやってきたものと思われます。そして、その帰順の折の条件の一つに、武器の召し上げと武術訓練の禁止が加えられていたのではないか、でなければバスク民族から武術が姿を消すということはあり得ない、というのがわたしの推測です。それほどに、バスク民族の戦闘能力は恐れられもし、かつまたキリスト教への恭順の証明《あかし》としての価値も持っていたものと思われます。あるいはまた、バスク民族が「生きのび」ていくための

「生きのび」

さいごの選択肢であったようにも思います。この推理はまだまだ続くわけですが、これ以上の推理はいささかこみいりすぎますのでこのあたりで打ち切りにします。

テニス史の定説に重大な誤り

テニスの源流

さて、第二点のテニス史の定説に対する疑問点について。結論を先に述べておきますと、テニスの源流はバスク民族のペロタにあると考えたい、という点にあります。その根拠（あるいは傍証）について、現在わたくしが考えていることをつぎに整理しておきたいと思います。

「手のひらのゲーム」

①定説によれば、12世紀にフランスの修道院でジュ・ドゥ・ポーム（Jeu de Paume）というゲームがはじまり、イギリスに伝わってテニスと呼ばれるようになった、ということです。ところが、この Jeu de Paume は直訳すれば文字どおり「手のひらのゲーム」であり、ペロタのなかの素手でボールを打ち合う「マノ」に相当します。

ザビエル

さらに推理をはたらかせてみますと、バスク民族がキリスト教に帰順してのち（11〜12世紀と考えられる）、次男・三男が世に出るための道は軍人と聖職者の二つであったと言われています（長男は家督を相続）。伝道のためにははるばる日本にやってきたフランシスコ・ザビエ

『ローランの歌』

ルもまたその一人でした。しかも、ザビエルはペロタの名手として知られ、こんにちでは「ペロタ聖人」としても尊敬を集めています。ちなみに、ザビエルは末っ子でした。

ですから、バスク民族が修道院にペロタを伝える可能性はきわめて高いと考えることができます。しかも、バスク地区の古い教会にはペロタ場が付設されていたことが確認されています。さらに、ここで述べておきたいことは、バスク民族はヨーロッパに現存する最古の民族である、ということが血液学と言語学の二つの学問分野から立証されていることです。したがって、場合によってはイタリアで古くからおこなわれている「バローン」と呼ばれる競技もまたバスク民族のペロタからきたものかも知れません。

ペロタ場

②テニスは、15世紀末にラケットが考案されてのち、16～17世紀にかけて大流行します。このテニスがバスクに伝わったのが17世紀初頭と言われています。そして、その変形ともいうべきペロタが生まれたというわけです。もし、これが事実だとしたら、あまりにも矛盾することが多すぎます。

たとえば、テニス史上の一大発明と考えられるラケットの考案（打突時の衝撃をやわらげ、少ない力でボールを飛ばすことができ、かつ打突面の空気抵抗を軽くしたこと）後に、テニスがバスク民族に伝えられた（?）にもかかわらず、バスク民族はラケットを採用していないこと、さらに、「手のひら」から「ラケット」にいたる打球具の発展史を逆行し、ラケット以前の

ラケットの考案

打球具の発展史を逆行

打球具のみをいまも温存していること、かつまた「ジュ・ド・ポーム」（手のひらによるゲーム）の原型と思われる「マノ」を「男のなかの男のゲーム」としてもっとも尊重していること、ネットをはさむ対陣のコートを採用せず、現在もなお「壁打ち」のコートを固守していること、などを挙げれば十分かと思います。

「壁打ち」のコート

以上の二点から、わたしは定説とはまったく逆に、ペロタこそテニスの原初形態であった、と考えようとしている次第です。あとは、「決め手」となる証拠を見つける以外にありません。

テニス史研究の脱構築を

テニス史家

それにしても、バスク民族のペロタをテニスの「模倣」であると言って平気で済ましている英、仏、独、西のテニス史家たちのこころの奥底には、バスク民族をいかなる歴史の「主役」からもはずしておきたい、そんな心理が流れているように思われてなりません。かりに百歩ゆずって、バスク民族に関する古い資料がないという理由だけで、バスク民族を歴史から抹殺してしまうとすれば、それこそドイツの近代歴史学の始祖ランケにはじまる「資料実証主義」の横暴です。これはまさに、資料のないところには歴史は存在しない、と

「資料実証主義」の横暴

するアカデミック・バイオレンスそのものです。資料が残される、ということがどういうことを意味しているか、このことを少し考えてみればだれにもわかります。『日本書紀』や『古事記』が、だれの手によって、どういう目的で書き残されたのでしょう。残されては困る資料はすべて時の権力の手によって抹消されています。バスク民族の歴史こそ、キリスト教文化圏の歴史によって「抑圧・隠蔽・排除」されてきた典型的例だと言っていいでしょう。

「実証」から離れろ

最近になってようやく、「実証」から離れろ、ということが歴史学者の間から言われるようになってきました。ここにきて、ようやく、「資料」という「独断」と「偏見」に閉ざされた歴史記述からの脱出をはかろうというのです。

「たかがスポーツ、されどスポーツ」

「たかがスポーツ、されどスポーツ」という表現がひところ流行しました。こういう表現がなされるようになるには、それなりの理由があります。スポーツを侮ってはいけませんよ、スポーツはとんでもない文化装置の一つなんですよ、ということがようやく広く認知されるようになった証左であると言ってもいいでしょう。

「生き延びる」道

スポーツ史研究の新しい分野にわけ入っていく場合にもこの表現は当てはまりそうです。バスク民族が生死を賭けた戦闘を避け、あらゆる手だてを講じて「生き延びる」道（＝「共存」）を求め、最終的にはキリスト教への恭順と引換えに多くの犠牲を払うことになりました。しかし、その背後には、バスク民族が歴史から抹殺されるという事態だけは回避したい、という強い意志がはたらいていました。そのためにはいかなる妥協も辞さない、そういう決意をこのテクストからも読み取ることができます。文化を力で支配することはできません。その氷山の一角とでも言うべき歴史現象をバスク民族のスポーツのなかに、とりわけ、「ペロタ」のなかに認めることができるのではないか、とそんなことを考えるようになりました。「たかがスポーツ史、されどスポーツ史」、そんな心意気で新しいロマンを求めてみたいと思っています。

新しいロマンを

『ニーベルンゲンの歌』前編

作者不詳、相良守峯訳、岩波文庫

——「愛」と「命」を賭けた英雄の求婚競技

「求婚の競技」に挑む

『ニーベルンゲンの歌』前編の第六歌章、グンテル王、イースラントのプリュンヒルト往訪のことというところで、いわゆる「求婚の競技」が高らかに、かつ詳細に描かれていますので、まずはそこから注目してみたいと思います。

きわめて耳新しい噂《うわさ》が、ラインのかなたから伝えられて、
むこうの国にはあまたの美しい姫たちがいるということであった。
すぐれた国王グンテルは、その一人の姫に求婚しようと思いたち、
そのため彼は胸の高鳴る思いがした。

海のかなたに、ひとりの女王が君臨していた。
肩をならべるものも、絶えてないほどのすぐれた乙女で、
美しさ限りなく、膂力《りょりょく》もまた素晴らしかった。
勇壮なる武人を相手とし、愛《ミンネ》を賭《か》けて、槍投げの技《わざ》を競《きそ》った。

「求婚の競技」
膂力
槍投げ

また遠くへ石を投げ、さらにそのあとを追って幅跳びをした。
彼女の愛を得んとするものは、以上三種の競技において、
確実にこの位たかき女王から勝たねばならなかった。
その一種目たりと敗れれば、彼は首を失うこととなるのだ。

乙女はこの勝負をどれほど度々おこなったかわからない。
この由《よし》をライン河畔で、うつくしい騎士が伝え聞き、
その妖艶《ようえん》なる乙女に思いをよせたのである。
そのためやがて多くの勇士たちが、命を失う仕儀とはなった。

さてラインの国王がいった、「どんな結果になろうと、
わしは海の方へ下っていって、プリュンヒルトを訪ねよう。
あの女の愛を得るためには、身命をも賭するつもりだ。
もしあれを妻となしえないくらいなら、わしは生きてはいない。」（前編・94～95頁）

幅跳び

三種の競技

身命をも賭する

かくして、ブルグント族の王グンテルはライン川を下り、はるばる海のかなたのイースラントの姫プリュンヒルトに求婚の競技を申し入れることになります。この『ニーベルンゲンの歌』のモティーフの一つは、437年にブルグント族がフン族に襲われて滅亡したという史実に基づいていますので、この「求婚競技」の話は滅亡の10数年前の420年前後のことと推定されます。

420年前後

美しい女王と競う技は……

さて、「求婚の競技」に名乗りをあげたグンテル王の意を受けて、稀代の英雄ジーフリト（一般には「ジークフリート」の名の方がなじみが深いと思いますが、訳者が当時の原音に近い表記を用いていますので、ここではそれにしたがうことにします）がそのお手伝いをすることになります。しかし、ジーフリトはプリュンヒルトの実力を知っていますので、とてもかなう相手ではないから止めた方がいい、と王をいさめます。が、王は聞き入れません。それどころか、なにがなんでも協力してほしいと懇願します。そこで、ジーフリトは、かねてからの念願であった王の妹である王女クリエムヒルトを妻にすることを条件に引き受けることになります。しかし、膂力すぐれた名だたる姫プリュンヒルトを打ち負かすのは容易ではあ

ジーフリト

「隠れ蓑」

りませんん。一計を案じたジーフリトは、これを纏えばだれからも姿が見えず、なみなみならぬ力が湧いてきて自分自身の力に十二分の力が加わるといわれている「隠れ蓑」を携えていくことにします。

競技の詳しい描写は第七歌章、グンテル、プリュンヒルトを手に入れること、のなかで展開されています。

「試合には、石を投げ、そのあとを追って跳《と》ぶのです。
また、私と槍投げを競うのです。軽はずみをなさらぬように。
さもないと、この地で名誉もいのちも失われますから。
よくよくお考えなさいまし。」妖艶《ようえん》な姫がそういった。

秘策

ジーフリトがこのとき王のそばへ寄って、
何も心配ないから、女王にむかい、
自分の思う存分のことを申されるがよいとすすめた。
「私が秘策をもって、女王に対し大丈夫あなたをお護りいたします。」

そこでグンテル王が口を開いた、「貴い女王よ、何なりと、
お望みの競技を申し出られたい。仰せの三種目には限らない。
どんな試合なりと、美しいおん身のためにやってのけよう。
おん身を妻となし得ないくらいなら、この首も失おう。」

彼の言葉をきき、女王はもはや逡巡《しゅんじゅん》すべき理由もないので、
急いで試合を行うべき旨《むね》を宣言した。
彼女は闘《たたか》いのために、立派な衣服と、黄金《こがね》づくりの鎧と、
見事な楯とをもってくるように命じた。

姫は絹で造った鎧の下着を身につけたが、
これはリビア産の一種の絹織物で、極めて美しく、
いかなる闘いにおいても刃《やいば》で切り破られたことのないものであった。
これには金糸の輝く編物《あみもの》がへりどりしてあり、キラキラと光っていた。（前編・120～121頁）

隠れ蓑に身を隠して競技を支援

求婚競技そのものはそれほど珍しくはありませんが、求婚された女性がみずから競技を主催し、みずから技をくらべ合う、という例はあまり聞いたことがありません。たとえば、ホメーロスの英雄叙事詩『オデュッセイア』にみられる求婚競技にしても、求婚する男性同士が技を競い合うのであって、求婚された女性は競技に参加しないのが一般的です。あるいは、王位継承権も兼ねて父王と技を競い、勝った者に娘を与えるというのが一般的なパターンでもあります。その意味で、ここに出てくる求婚競技はきわめて珍しいケースと考えてよいでしょう。

さて、いよいよ競技がはじまるというので、ジーフリトは急いで「秘策」の準備にとりかかります。

男性同士

父王

「秘策」

そのあいだに美丈夫ジーフリトは、
何びとにも気づかれぬように船にとってかえした。
そこには例の隠れ蓑《みの》がかくされていたのだ。
彼がすばやくそれを着こむと、誰にも彼の姿は見えなくなった。

彼が急いでひきかえすと、あまたの武士が、
女王が大きな賭《か》けをしている試合の場所にあつまっていた。
ジーフリトは人知れずそこへ行った（これは秘策のお陰であった）。
その場にいた人たちは、だれひとり彼に気がつかなかった。

試合の場所は線で示されていたが、そこで、
これを見物しようとする多数の勇士の前で、勝負が行われるのだ。
七百にあまる武士が剣を帯びて立っており、
これは試合の結果を判定すべき勇士たちであった。（前編・121～122頁）

判定

ジーフリトの秘策、女王の大きな賭け（結婚と生命）、試合の場所、試合の結果を判定する勇士、などがここでは興味深く描写されています。とりわけ、結婚と生命を賭けた競技の意味するところは、こんにちのわたしたちの感覚とはおよそかけ離れたところのものですし、これをどのように考えたらよいのか、大変興味深いところです。この問題については、さいごに若干触れてみたいと思います。

ところで、この求婚競技に用いられる楯、槍、石はどのようなものだったのでしょうか。

少し長いですが引用してみましょう。

女王の使う恐るべき槍と楯

楯の中央の隆起のあるところは、厚さ三指尺もあったと伝えられるが、
こういう楯を女王は腕にもつのであった。
それは鋼鉄と黄金とで、いとも見事につくられてあったが、
これを侍臣が三人の武士の手をかりて辛うじて運んできたのだ。

強剛なハゲネは、この楯が運ばれてきたのを見ると、
さすがトロネゲの勇者も心いらだって言った、
「これはまたなんたることだ、王様、我々の命も危ないものですわい。
あなたが結婚を求められる相手は、あれは魔女ですぞ。」
―中略―
そこへ女王のもとに、彼女がいつも投げている、
重く大きくかつ鋭い投槍がはこばれてきた。

『ニーベルンゲンの歌』

楯

投槍

それは頑丈《がんじょう》で逞しく、大形で幅ひろく、
その先端の刃並《はなみ》はまことに恐るべき切れ味を有していた。

この槍の驚くべき重さについて、人の語るのを聞きたまえ。
およそ三メッセ半の鉄塊をもってそれは鍛えられ、
これを運ぶにはプリュンヒルトの臣が三人掛りでも容易でなかったという。
王者グンテルも少なからず恐怖を抱きはじめた。

彼は心に思うよう、「これはなんとしたことか。
地獄の悪魔といえども、これには命を全うするわけにはいくまい。
おれが生きてブルゴントの国へかえれたら、
もはや二度とこんな女に思いをかけることはなかろう。」
――中略――
プリュンヒルトの力のほどは、並々ならぬものと見えた。
彼女のため、競技場に重い石がはこばれてきたが、
それは極めて大きく、ずっしりとした、円い岩であった。

三人掛かり

重い石

十二人の剛勇な武士が、ようやくこれをはこんできたのである。
彼女はいつも、槍投げの後に、この石を投げるのであった。
ブルゴント勢の憂慮は、色濃くなりまさった。ハゲネがいった、
「これはしたり、王様はなんたる者を恋人になされたのだ。
あの女王は地獄の悪魔の花嫁になればよいのだ。」(前編・123〜126頁)

プリュンヒルトは魔女なのか?

「女丈夫」

大の男が三人がかりで運ぶ楯を片手に持ち、そして、これまた三人がかりで運ぶ槍をもう一手に持って立つ「女丈夫」を想像することができるでしょうか。石投げ用の石は、なんと十二人がかりでようやく運んできたというのですから、文学的に誇張された話半分にしても、これは大変な女性だということがよくわかります。これでは、さすがの求婚者グンテル王といえども怖じ気づくのは当然であり、それはまさに「魔女」であり、「悪魔の花嫁」と呼ぶにふさわしい、としか言いようがありません。

「悪魔の花嫁」

かつて、アメリカの「ウーマン・リブ」運動推進者の一人が、「その昔、男女間の筋力上

の差異はなかったのであり、その差異を生ぜしめたのは長年にわたる女性蔑視の社会的風潮にある」と主張したそうですが、ここに登場してくるイースラントの女王プリュンヒルトはそれを裏づける証拠となりそうな存在です。しかし、この話もよく読んでみると、そう簡単に「男女対等」の証拠にはならないようです。第一に、このプリュンヒルト伝説は、さきにも述べましたように、およそ４２０年前後のものと推定することができますが、この膂力すぐれた女王ですら結婚後はまことにたおやかな、ごく普通の女性として描かれていること、第二に、この『ニーベルンゲンの歌』の作者は不詳でありますが、いろいろ紆余曲折を経て訂正加筆がなされ、最終的にほぼこんにちのスタイルをとるのは１２０４年のころと推定されており、その当時の詩人の意識としても、この女王の存在はまことに信じがたいものとして描かれていること、などを指摘することができそうです。

さて、いよいよこの求婚競技のクライマックスである競技場面の描写をみてみることにしましょう。

クライマックス

やがて彼女は白い腕から袖をまくりあげた。
そして楯をばその手に握りしめた。それから槍を高くふりあげた。
いよいよ試合が始まるのだ。グンテルとジーフリトは、プリュンヒルトの闘志に恐れをなした。

――中略――

そこで凛々しい乙女は、大形で幅広い新しい楯をめがけて、
力をこめて槍を投げた。この楯は、
ジゲリントの子が手にしているのである。やがて楯の鋼鉄から、
さながら風が吹き起こったように、火花が飛び散った。

頑丈な槍の穂先は、楯をつらぬき、
輪をつらねた鎧から、火花が散るのが見えた。
この投槍の威力には、強い勇士が二人ともよろめいた。
もし隠れ蓑がなかったら、二人はその場に倒れ死んだであろう。(前編・126~128頁)

グンテル王の勇者は巧みな戦術で

隠れ蓑を着た勇士ジーフリトの口からは血が流れるほどの衝撃を受けながらも、かれは
素早く立ち直ってかれの楯をつらぬいた女王の槍をとりあげ、女王に向かって投げかえしま

闘志

火花

した。


さながら風に吹きたてられたように、輪つなぎの火花が飛んだ。

ジゲムントの子は力をふるって投げたのである。

女王の勇力をもってしても、この槍の力には身を支えられなかった。

グンテル王では、こうはいかなかったであろう。


美しいプリュンヒルトは、どんなに素早く起き上がったか。

「気高い騎士グンテル様、投槍の技《わざ》、天晴れと存じます。」

彼女はこれがグンテルの力であると思っていた。

然るに、より力強い男が、彼女に忍びよっていたのだ。

彼女は逸早《いちはや》くかなたへ去った。腹立たしかったのである。
位高く美しい姫は、石を高々ともちあげて、
力のかぎり遠くへ投げるとともに、石のあとを追って跳んだ。
ずくと、彼女の装束もともに鳴りひびいた。

女王の勇力
石のあとを追って飛んだ

投げられた石は、およそ十二尋《ひろ》のかなたに落ちたが、
美しい乙女はそれ以上の距離を跳んだのである。
騎士ジーフリトは、石の落ちた地点に行った。そしてグンテルが、
その石を振り上げると、ジーフリトのほうがそれを投げた。

ジーフリトは果敢にして力逞しく、身の丈《たけ》もすぐれていた。
彼の投石はさらに遠くに達し、彼の跳躍は一段遠くに及んだ。
彼の巧みな秘策によって、その力がひとしお勝り、
跳躍にあたり、グンテル王を担《にな》ってゆくことができたのである。

かくて幅跳びはおわり、石も落ちて横たわったが、
そこには勇士グンテルのほか、何びとの姿も見えはしなかった。
麗しいプリュンヒルトの顔は、憤懣《ふんまん》のために紅潮した。
だがジーフリトは、グンテル王の一命を救ったのである。

投石

跳躍

試合の場のかなたの端《はし》に、王の恙《つつが》なき姿を見たとき、
女王は臣下のものたちに声《こわ》だかく呼ばわった、
「一族郎党のものたち、急いでここへ集まっておいで。
おん身たちはこれから、グンテル王の臣下となるのだ。」（前編・129〜130頁）

競技と賭けの考え方

結婚の初夜

かくして一件落着と相成る次第です。しかし、結婚の初夜には、哀れグンテル王は女王プリュンヒルトのご機嫌をそこねてしまい、挙げ句のはては縛りあげられ、一晩柱にぶら下げられることになります。またしても、「隠れ蓑」をまとったジーフリトの応援が必要となるのですが、これ以上の詳しい内容はテクストに譲ることにしましょう。

競技と「賭け」

以上、大急ぎで『ニーベルンゲンの歌』に描かれた「求婚競技」のあらましをみてきたわけですが、その他の競技の描写と考え合わせてみますと、競技と「賭け」の関係がこんにちのそれと著しく異なるのではないかと思われます。いわゆる遊びや気晴らしのためにおこなわれる「純粋な」競技はいまもむかしもそれほど変わりはないようです。しかし、「真剣な」競技であればあるほど「賭け」の内容も大きなものになるようですし、逆に、大

きな「賭け」であるからこそ「真剣な」競技になる、とも言えそうです。ここで問題になるのは「賭け」の持つ歴史的、社会的な意味がどのようなものであったか、ということです。同時に、それが『ニーベルンゲンの歌』のなかではどのように位置づけられているか、ということにあります。ここでは、これらの問題を真っ正面から論ずる余裕もありませんので、とりあえず、後者の場合についてのみ若干触れておきたいと思います。

結論的に言ってしまいますと、競技と賭けはイコールの関係にあって、競技には賭けがつきものであったと考えてよいでしょう。さらに言ってしまえば、競技による「勝敗」は占いによる「正邪」「吉凶」などに代わる、より合理的な判定法の一つとして考えられ、それが当時の人びとに広く受け入れられていた、と考えることができるようです。つまり、神意による絶対的な力の支配とは別の次元で、真に力のある人間を選びだし、それを認めることに意味が付与されるような、言ってしまえば、神中心の世界から人間中心の世界へと移行する時代・社会的情況が徐々に浸透しつつあった、と言えそうです。

そこで、いま少し競技と賭けとの関係を整理してみますと、つぎのようなことがこの『ニーベルンゲンの歌』をとおしてわかってきます。つまり、

①白・黒の決着をつけるための公平で、フェアな手段

②騎士にとっては教養や名誉を高めるための合法的な手段

「賭け」の持つ歴史的、社会的な意味

イコールの関係

人間中心の世界

フェアな手段

③ものを与える（ほどこす）習慣（じつはこれが人間関係や平和維持の基本となっている）の合理的な解決法
④真剣な娯楽性の追究
⑤占いや第三者による判定よりも、より主体的な判定法

などと考えられていたようです。

なお、この『ニーベルンゲンの歌』には、ゲルマン民族大移動時代の習俗とキリスト教的騎士時代の習俗が渾然となって描写されていますので、その点には十分注意して「競技」の分析・考察をすすめる必要のあることは当然です。いずれにしましても、この『ニーベルンゲンの歌』が、ゲーテの『ファウスト』とならびドイツ民族の「原典」としてこんにちもなお高く評価されているわけですので、ドイツ精神（ゲルマン魂）に支えられた「競技精神」（あるいは「スポーツ・マインド」）を理解する上で貴重な文献と言わねばなりません。

さいごに、本書には、娯楽としての競技、喜びの表現としての競技、気晴らしの競技、祝福の競技、婦人へのアピールとしての競技、歓待（迎）の競技、早朝の競技、などの興味深い描写をはじめ、騎士に関する描写（刀礼、装束、戦闘、捕虜、人質、命乞い、武具、など）や狩猟、駆けっこ（ハンディキャップ・レース）などの描写がふんだんに盛り込まれていますので、興味をお持ちの方には是非ご一読をおすすめします。

ドイツ精神
スポーツ・マインド
ハンディキャップ・レース

『カンタベリ物語』上・下

チョーサー著、西脇順三郎訳、ちくま文庫

——「最後の審判」と「フェア・プレー」「審判」の誕生

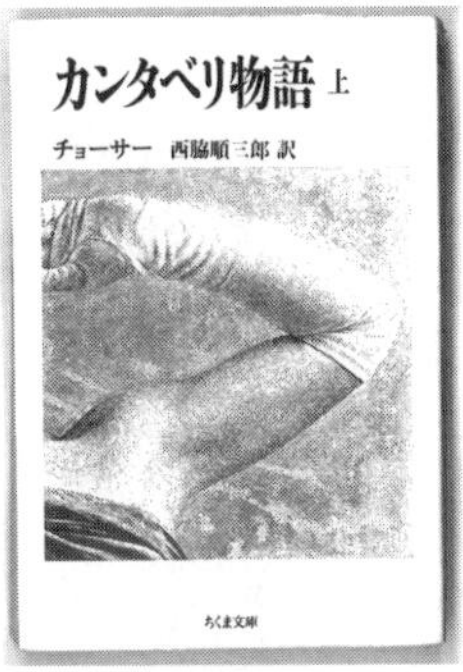

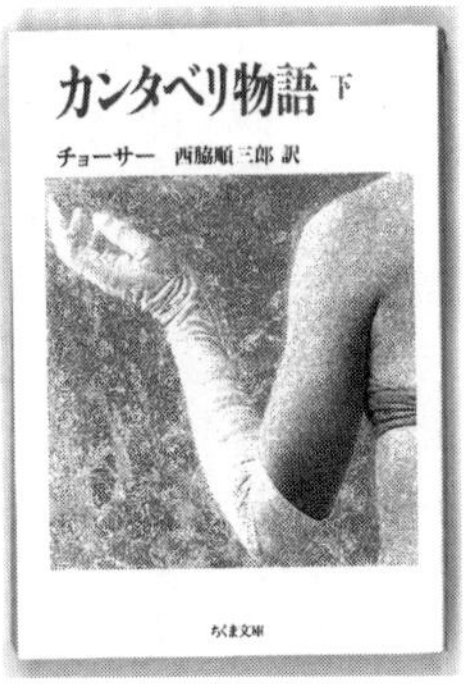

スポーツ史的に読むということ

こんかいは、ジェフレイ・チョーサー（Geoffrey Chaucer 1340-1400）の晩年の傑作といわれる『カンタベリ物語』を読んでみることにしました。お断わりするまでもなく、チョーサーといえば、イギリス近代詩の父と呼ばれる人です。ですから、この『カンタベリ物語』はイギリス文学史上最大の古典の一つとして、こんにちでも多くの人びとに読まれている作品です。

この傑作をスポーツ史的に読むと、どのように読めるのか、その種明かしを初めにしておきたいと思います。わたしたちが、こんにち「スポーツ」と呼んでいるものは、ヨーロッパ近代に生み出されたものです。その意味で、一般的には「近代スポーツ」と呼ばれています。この近代スポーツのルーツをたどっていきますと、当然のことながら、ヨーロッパ中世に行き着きます。これだけで、もう十分におわかりいただけると思います。つまり、近代スポーツの萌芽を『カンタベリ物語』のなかに、どれだけ読み取ることができるか、これがねらいです。

旅は道連れ、世は情け

まだ、この作品を読んでいない人のために、少し内容を説明しておこうと思います。

　時は四月。
　夕立ちがやわらかにやってきて、三月ひでりの根本《ねもと》までしみとおってしまう。そのおしめりの精気で花が生まれて咲いてくる。（上・7頁）

イギリスの長い冬から解放されて、やっと、明るい陽射しがもどってきた4月、人びとのこころは浮き立ち、カンタベリへの巡礼がはじまります。聖トマスの参詣にでかけるのが、この季節の人びとの楽しみの一つでもあったわけです。日本でも、この季節になると「物見遊山」を兼ねた巡礼が、各地ではじまりました。それは、いまも、基本的には変わっていません。

巡礼

「物見遊山」

　この物語の「私」も信心ごころをおこしてカンタベリへの参詣にでかけます。ロンドンの南のスースウェルクというところの「陣羽織」という宿屋で巡礼の旅支度をととのえているところに、カンタベリへの巡礼だという29人もの団体さんがやってきます。話を聞いてみると、みんな途中で合流した団体だといいます。そこで「私」もその仲間に入れてもらうことにします。

旅は賑やかに楽しくした方がいい、という宿屋の主人の提案で、道すがら一人ずつとっておきの「物語」をしながら旅をしよう、そして、一番おもしろい「物語」をした人の夕食をさいごの晩にみんなでおごることにしよう、ということになり主人も参加します。総勢31人の巡礼団の結成です。

こうしていよいよ旅のはじまりです。この『カンタベリ物語』の上巻には、「騎士の話」「粉屋の話」「親分の話」「料理人の話」「法律家の話」「バースの女房の話」「托鉢僧の話」「刑事の話」「学僧の話」「貿易商人の話」「騎士の従者の話」の11の物語が収められています。どの話も面白いものばかりで、この時代の人びとの風俗や習慣、ものの見方・考え方、価値観、感情や心性、などが手にとるようにわかります。

風俗や習慣

「試合」と「審判」のルーツは恋の決着のため？

全部を取り上げるといいのでしょうが、そうもいきませんので、近代スポーツの萌芽をさぐる上でもっとも面白そうな話題に焦点を絞ることにします。それは、冒頭の「騎士の話」です。そこには、「試合」というものの考え方と、それにともなう「審判」の位置づけと役割がどういうものであったのかを探る絶好の描写が出てきます。

「試合」と「審判」

今は昔、古えの物語によると、セーセウスという一人の君侯があった。アテネの領主でもあり支配者でもあった。その当時征服者としては、彼に並ぶ者は天下に一人もいなかった。

征服者

彼は多くの豊かな国々を征服した。その知恵と武勇とによって、かつてはスキタイ国といわれた女人国《フェメニヤ》の全土を征服して、その女王イポリタをめとった上、儀礼の善美をつくして本国へ連れ帰った。その時その妹のエメリーも一緒に連れて戻った。こうしてこの征服者は、凱旋の笛太鼓を鳴らさせ、武装した軍勢を引き連れながら、威風堂々とアテネの都に乗り込んだ。(上・37〜38頁)

少し話を省略しますが、この妹のエメリーが絶世の美人で、このエメリーにテーベ国の従兄弟同士の二人の王子が同時に恋に落ちます。それも命懸けの恋です。二人は兄弟のように大の仲良しでしたが、ことこの恋に関しては断じて譲らず、ついに決闘まではじめてしまいます。その間に割った入ったのがセーセウス公で、「試合」をして決着をつけること

命懸けの恋

になります。この「試合」の仕方のなかにわたしは近代スポーツの萌芽を読みとる、というわけです。

「審判」はルールを提示し、それを司る

真剣勝負

まず、注目したいのは「審判」です。さきの二人が、言い争いのあげく、真剣勝負をはじめたところにセーセウス公が通りがかります。

……公は駿馬《しゅんめ》に拍車をくれて、いきなり二人のあいだに飛び込んだ。そして刀を抜きながら叫んだ。

「おい、やめろ。やめなければ、首が飛ぶぞ。軍神マルズにかけて、一太刀でも打ち込んだが最後、すぐに殺されるんだぞ。そもそもきさまらは何者だ？　審判もなく、役人も立ち合わず、こんなところで、それが堂々たる試合場でもあるかのように、真剣勝負をしているとは！」（上・65〜66頁）

「堂々たる試合場」で「真剣勝負」がおこなわれるときには、「審判」もしくは「役人」が立ち合っていたという記述が、ここでのポイントです。真剣勝負というのですから一種の「決闘」です。それを衆人監視のもとでおこなっていた。しかも、より公正を期するために審判または役人が立ち合うという形式が、すでにこのころには定着していたことが窺えます（ここで注意しておきたいことは、話題は古代ギリシアですが、このような「しきたり」は14世紀のものであるという点です）。

「決闘」

二人に割って入ったセーセウス公は、みずから審判を買ってでます。そして、つぎのように試合のルールを提案します。

試合のルール

……勝手に好きなところに行くがよい。そうしてちょうど五十週目に、めいめい百人の騎士を連れて戻って来るんだ。その百人の騎士は、ここのわしの見ている前で試合をするために、それぞれ武装して来るんだぞ。つまり闘いによって彼女の手を得るんだね。わしはこれを、わしの信用にかけて、おまえ方二人に固く命ずる。わしも一人の騎士だからね。そこで、おまえ方のどっちか一方の力がすぐれて、百人の兵をもって相手方を殺すか、ないしは試合場から追いだすかすれば、それは運命がその者に公平な恵みを与えたのであるから、わしはこの美しいエメリーを妻として与えるであろう。（上・70～71頁）

公平な恵み

「審判」のルーツは「神判」

審判たるセーセウス公はルールを提示し、それを守ることを約束させます。つまり、一年後に、１００人の騎士を集めて、ここに戻ってくることを命じます。その場合の審判としての「信用」を同じ「騎士」だからというところに求めます。しかも、セーセウス公はアテネの最高支配者でもあります。しかし、これは表向きの理屈づけです。その裏には、どちらが優秀な騎士１００人を集めてくるのか、そして、その点でより優れた騎士に義妹を妻として与えようという、まことに巧妙な「婿選びの文化装置」が仕掛けられているのです。だから、その主催者が審判を務めるのは当然、というのが本音部分の理屈です。

……わしはここにその試合場を造っておく。わしが依怙《えこ》の沙汰のない立派な審判者となれるように、わしの霊の上に神が憐れみを垂れ給わんことを！

この方法によれば、おまえ方の一人は死ぬか捕らえられるか、いずれか一つの道しかないのだ。これでよいと思ったら、そのむねを言うがいい。そして満足に思うがいい。これがおまえ方のいさかいの最後の結末であり解決なんだからな」（上・71頁）

この時代は「試合」とはいえ、まだまだ、命懸けです。「捕虜にする」というのがもっとも賢明な試合の仕方ではありますが、それでも命懸けです。それから、立派な審判になれるよう神に祈っていること、つまり、神の代行をするのが審判の役割であるという点も興味深いところです。もう一点は、「いさかい」の解決法として真剣勝負がおこなわれているという点です。つまり、決闘による問題解決は「神判」でもあるということです。このような古代からおこなわれてきた「神判」から、徐々に、「生命」の危険度を軽減していくことが「スポーツ化」への道というわけです。

「捕虜にする」

「神判」

人命尊重と暴力の排除……スポーツ化への道

かくして、一年後に二人は約束どおり１００人の騎士を連れてやってきて、いよいよ試合の開始となります。審判たるセーセウス公は伝令官につぎのようにルールの訂正を宣言させます。

「公は深き思召しによって、このたびの企てでは、真剣勝負をして、いたずらに貴重な人命を損なうことは避くべきだとお考えになりました。そこで最初の思召しに多少の修正を加え、何びとも死なぬようにせよ、と仰せ出されたのでございます。

それによって、いかなる飛道具も、戟《ほこ》も、短刀も、それを持って試合場にはいることは許されません。これに違反するものは死刑になりますぞ。

何びとも短刀で人にとどめを刺すことは相ならぬ。抜くことも帯びることも相ならぬ。

相手に向かって馬を乗りかけ、鋭い槍をもって突くことは一回だけ許される。それも一度以上にのぼってはならない。落ちたら、徒歩で闘うべし。

徒歩で闘う

怪我をした者は、捕えて殺してはならない。両側に設けてある杭《くい》のところに連れてゆくこと。その者は、しかし、力づくでそこまで連れていって、そこに留めておく。一方の主将がそこへ連れていかれるか、または一方の主将が相手方の主将を殺した場合には、試合はそれでおしまいである、けっしてその後をつづけてはならない。……（上・93〜94頁）

人命尊重の精神

ここには、かつてのたんなる真剣勝負とは異なる、新しい時代の人命尊重の精神をはっきりと読みとることができます。いわゆるキリスト教精神に支えられたヨーロッパ・ヒューマニズムの萌芽といってよいでしょう。このヨーロッパ・ヒューマニズムが近代スポーツの成立にはきわめて重要な働きをします。人命尊重、人命の保証のつぎにでてくるのが暴力の排除です。こうしてたんなる真剣勝負からスポーツ化への道をたどり、公明正大なルールの確立へと進展していきます。

暴力の排除

「ドロー」「ノーサイド」のルーツ?

この勝負は、片方の主将が「杭のところ」に連れていかれたことによって、終結を迎えます。

「やめ!　勝負はあった。誰ももう戦ってはならぬぞ。わしは真の審判官だ。公平にやりたいのだ。テーベのアルシータはエメリーをめとるであろう。彼は幸運によって、立派にこの女をかち得たのだ」(上・97頁)

こうしてアルシータの勝利が宣言されます。しかし、アルシータは、勝利の場内一周をしているときに愛馬が突然なにかに驚いて横っ跳びに倒れてしまい、まっ逆さまに落馬し、重傷を負ってしまいます。この情況をみきわめた上で、審判たるセーセウス公は、ドロー

ドロー宣言

宣言をします。これもまた、この時代の精神を考えるための貴重な示唆に富んだ記述、といってよいでしょう。

それに対してセーセウス公は、恨みも嫉妬も感じさせないように、ただちに、勝利はどちらの側にもあった、兄弟のように、たがいに優劣はなかったと発表させた。そして、その身分に応じて、いろいろな下賜品が与えられた。三日間にわたって祝宴を張った。そして、立派な騎士に対しては、満一日間護衛をつけて、アテネの都から見送らせた。こうして、すべての人々がまっすぐに国に帰って行った。「さらば、ご機嫌よう！」と言うほかは、べつに言うこともなかった。（上・100頁）

下賜品

「贖罪」と向き合うクリスチャンの「心性」

『カンタベリ物語』の下巻に収められているお話は「郷士の話」「医者の話」「赦罪状売りの話」「船長の話」「尼寺の長の話」「チョーサーの話」「修道院僧の話」「尼院侍僧の話」「第二の尼の話」「僧の従者の話」「大学賄人の話」「牧師の話」の12話です。これらのいずれをとっても面白い話ばかりですが、前回のテーマであった「審判」とのつながりを考えますと、さいごの「牧師の話」を取り上げてみたいと思います。

「贖罪」

チョーサーの時代にあっては、つまり14世紀のイギリスにあっては、「贖罪《しょくざい》」というものをどのように考えるかということが、ごく一般の暮らしをしている人びとにとっての最大関心事であったようです。「牧師の話」は、その「贖罪」の話からはじまります。

聖アンブローズも申されたことですが、「贖罪とは犯した罪に対する歎きであり、歎かねばならぬようなことは二度と繰り返すまいとすることです」

またある博士の言葉によりますと、「贖罪とはあやまって犯した罪を歎き悲しむことであります。」贖罪とは自らの罪を歎き苦しむ者が、ある条件つきで、心から痛悔することです。真に贖罪するためには、まず犯した罪を歎き、ひたすら心の中で罪の告解をして贖罪し、二度とこのような罪を犯さず、善行を積んで行かねばなりません。さもなければ、痛悔してもなんにもならないのです。（下・295～296頁）

「最後の審判の日」

これほどまでに贖罪を恐れるには理由があります。一つにはクリスチャンにとっての最大のテーマともいうべき「最後の審判の日」という問題があるからです。お断わりするまでもなく、「最後の審判の日」には、イエス・キリストの前で一人ひとりの生涯が審判され、善行を積んだ者は天国へ、悪事を働いた者は地獄に落ちる、という教えです。ですから、あやまって犯した罪についてははっきりと告解をし、善行を積んで精算することが必要となってきます。死後の「天国行き」の切符を手にするには善行を積む以外にはないのです。いかに罪を犯さないで「最後の審判の日」を迎えるか、これがヨーロッパ中世というキリスト教の時代を生きるクリスチャンの最大のテーマであったことが浮かび上がってきます。

「天国行き」

クリスチャン

「最後の審判」と「フェア・プレイの精神」

人々を「痛悔」へと動かす第三の動機は、最後の審判の日と、地獄の恐ろしい責苦とに対する恐怖です。聖ジェロームはこう言っています。「私は、最後の審判の日のことを想うごとに、身の内が震える。食べている時でも、飲んでいる時でも、何をしている時でも、いつもラッパの音が耳もとに聞こえるような気がする。汝ら死せる者ども、立ちあがって、審判の庭にきたれ」

審判の庭

ああ、聖パウロも言っておられるように、「われらの主、イエス・キリストの席の前にわれらすべては立たねばならない。」そのような審判を人々は当然恐れるべきであります。その時には、主は総会を開かれ、いかなる人間も欠席することは許されないのです。いまやったく、その場合、どんな言いわけも頼みごとも役に立ちません。そうしてただ私たちの落度が裁かれるだけでなく、あらゆる私たちのした行いがその場で公開されます。聖ベルナルドゥスも言っておよれるように「そこではいかなる頼みも陰謀も役立たない、どんな下らない一言も償いをせねばならぬ」のであります。（下・303～304頁）

「最後の審判の日」に対するこの脅え方は尋常一様ではありません。それほどまでに、当時の人びとにあっては「最後の審判の日」が重くのしかかっていた、また、天国・地獄に関する情報が周知徹底していた、というわけです。いかなるものをもってしても代えがたい絶対的な神の権威の前での「最後の審判」、このようなイメージが、この時代に徹底的に浸透していたということが見えてきます。

神の権威

この時代の、このような心性が、じつは、近代スポーツの「フェア・プレイの精神」や「ルール」や「審判」というものを成立させる背景として大きな役割を担っていたのではないか、というのがここでのわたしの関心事です。したがって、これら三つの問題すべてを分析してみたいところですが、紙数が足りませんので、こんかいも「審判」に焦点を当てて考えてみたいと思います。

「フェア・プレイの精神」

「勤勉のエートス」と「選手宣誓」

そこの裁判官はけっしてごまかすことも買収することもできません。なぜでしょうか。われわれの心の中で考えていることは、すっかりその裁判官にわかっているのです。また、頼みこんでも、賄賂を持って行っても買収することはぜったいにできないのです。ソロモンも言っていますように、「神の怒りは、頼もうが贈物をしようが、誰も容赦するものではない」のです。このように最後の審判の日は、逃げ隠れできる望みはいっさいないのです。(下・304頁)

賄賂

これほどの強いプレッシャーがかかってきますと、人びとの生活態度もおのずと規制されてきてしまいます。実際にそのような生活をしていたかどうかは別問題として、少なくとも、生活態度の理想像は間違いなく浮かび上がってきますし、当時の人びとに共有されていただろうと思います。

……罪ある者は栄光ある幸せを失います。その幸せは真面目に働く者のみに約束されて

幸せは真面目に働く者のみ

いるものです。（下・313頁）

「勤勉のエートス」

こうして「勤勉のエートス」は間違いなく人びとの間に浸透していきます。そして、この「勤勉のエートス」がプロテスタンティズムをとおしてより一層徹底していくことは、マックス・ウェーバーの指摘しているとおりです。

「宣誓」

「最後の審判」の持つ影響力の強さはこれだけではありません。さらに、厳正なる「真実」を語るためには「宣誓」が必要であることを要求します。

正義のために誓う

また、審判者から、真実の証言を要求された時には、裁きに宣誓すべきです。嫉妬や偏愛、賄賂のために誓ってはなりません。正義のために誓うべきです。また神をあがめ、同じキリスト教徒を助けるために宣誓すべきです。（下・354頁）

神の前での審判に誤りがあってはなりません。ですから、そのための証言が真実であることを誓う必要がでてきます。それが「宣誓」というわけです。

もはや説明する必要もないかも知れませんが、この「宣誓」の儀礼が、やがて、スポーツの競技会（試合）にも転用されるようになっていったのではないか、とわたしは考えているわけです。お馴染みの「われわれ選手一同は、スポーツマンシップに則り、正々堂々と闘うことを誓います」という、あの「選手宣誓」です。最近は、この基本形に多少のヴァリエーションをつけて、競技種目ごとの特色を出す工夫がなされているようですが。それでも、いまや、「選手宣誓」はスポーツ競技会の開会式にはなくてはならない重要な要素になっています。

「審判」の英語の語源は？

では、なぜ、スポーツ競技会に「選手宣誓」が必要だったのでしょうか。それは不正行為が後を絶たなかったからでしょうか。あるいは、その不正行為に対する審判の権威が低かったからでしょうか。

いったい、審判とはいかなる役割を担った人のことをいうのでしょうか。日本語でいう「審判」は英語では「レフェリー」「アンパイア」「ジャッジ」と多様です。しかも、競技種目によって、その呼び名も違います。たとえば、ボクシングでは「レフェリー」と「ジャッジ」とが分業していますし、一般の球技では「レフェリー」ですが、野球では「アンパイア」です。どうして、こんな違いがあるのでしょうか。

「選手宣誓」
開会式
「レフェリー」
「ジャッジ」
「アンパイア」

そこで、それぞれの英語の語源を探ってみますと、つぎのような興味深いことがわかってきます。

referee は refer＋eeという合成語で、１６２１年が初出。語釈は①問題の決定・解決を委任された人、②（競技・試合の）審判員、③身元保証人、④論文校閲者（審査員）、⑤（裁判所または当事者が依頼する）仲裁人、調停者、審査人、鑑定人、とあります。

つづいて、umpireは、およそ１４００年ころに成立した言葉。non ＋ perの合成語。つまり、one who is not even, a third person の意味。a numpire が異分析によって、an umpireとなった。語釈は①（競技の）審判員（者）、②（労働争議などの論争の）裁定者、仲裁者、③裁定人（仲裁者の意見が一致しない場合、その裁定に選ばれた第三者）④評定官（戦闘訓練を観察評価し、判定を下す将校）、とある。

神意裁判

さいごの judgment は１２５０年ころに成立。the judgment of God :: （昔の）神意裁判（決闘によって是非を決する裁判）がもともとの意味。語釈としては①判決、審判、②判断、批判、審査、鑑定、③判断力、批判力、④（神の裁きとしての）災、天罰、⑤判決債務（判決によって確定した債務で弁済されていない状態のもの）、⑥最後の審判（The Judgment）、⑦（神の定めた）律法、おきて、⑧正しい審判、正義、公正、などがある。なお、「最後の審判」は、通例では The Last Judgment と記述されます。

このように見てきますと面白いことがわかってきます。

ジャッジ、アンパイア、レフェリーの違い

まず、このテクストに出てきます「審判」は judgment であることがはっきりしてきます。なぜなら、umpire（１４００年ころ）も referee（１６２１年初出）もこのテキストの著者チョーサーの死後にできたことばであるからです。つまり、チョーサーは judgment 以外のことばは知らなかったということになります。

第二は、この judgment が「審判」という意味ではもっとも権威のあることばだ、ということです。つまり、judgment の原点は「最後の審判」にあるわけですから、チョーサーはまぎれもなくこの意味で judgment「審判」ということばを使っていたことになります。これはまさに「神の意志」そのものであるわけですから、この判定にはだれも文句のいいようがないということになります。

「神の意志」

第三は、judgment から「神意裁判」が生まれており、その実態は「決闘」そのものであったという事実です。したがって、「決闘」の立会人は神に代わるほどの権威者でなければ務まりません。前回、話題として取り上げました「試合」は、この「決闘」からスポーツ

としての「試合」への移行期の初期に位置するもので、judgment の意味内容の変化を考える上で貴重な資料ということになります。

第四は、日本語では同じ「審判」にも、英語の意味で考えますと明確な序列があるということです。もっとも権威があるのは judgment、ついで umpire がきて、さいごが referee となります。これはちょうど、ことばができ上がってきた順番でもあります。改めて説明するまでもないとは思いますが、referee は二人（両チーム）の間に入って問題を解決する人、つまり、仲裁人がもともとの意味であるのに対し、umpire は仲裁人の意見が一致しなかった場合の裁定のために選ばれる第三者のことです。ここには明らかにランクの違いがあります。

問題を解決する人

第五に、この序列はまさに「審判」の「世俗化」の過程を象徴的に表しているということです。初めは、すべて神の裁定によってすべてのもめごとの解決をはかる「神判」（神意裁判）、すなわち judgment でしたが、やがて、神に代わってどちらにも与しない第三者による裁定、すなわち umpire が登場し、さいごに、もっとかんたんにもめごとの仲裁に入る人、すなわち referee が出現します。

「審判」の「世俗化」

神の裁定

こんなふうに考えてきますと、では、いったい日本語の「審判」は競技種目別にはどのように呼ばれているのか、また、どのように使い分けられているのか、という興味が湧いてきます。採点競技は「ジャッジ」が多いように思いますし、球技は「レフェリー」が一般的な

採点競技

ようですが、野球のように「アンパイア」というのもあります。

ヨーロッパ産の近代スポーツの「ルール」（暴力の排除、など）や「マナー」（フェア・プレイ、など）や「精神」（スポーツマンシップ、など）などの根っこの部分には、ほとんど間違いなくキリスト教の教えが無意識のうちに盛り込まれていると言ってよいでしょう。こんかいは、そのなかの「審判」について考えてみました。

『第一之書ガルガンチュワ物語』

フランソワ・ラブレー作、渡辺一夫訳、岩波書店

——乗馬術は王子教育の要

スポーツ史研究の宝庫

フランス文学の古典中の古典といわれるラブレーの『第一之書ガルガンチュワ物語』をこんかいはとりあげてみました。この本は１５３４年に初版が刊行されて以来、当時のフランスでは発禁の書としてなにかと物議をかもしだしたばかりでなく、のちの多くの文学者たちにも計り知れない大きな影響を与えました。

ラブレーの書いた文章はほとんど翻訳不能といわれる古いフランス語を駆使した難解な文学的表現にみちみちていると言われています。しかし、訳者の渡辺一夫はみずからのライフ・ワークをとおしてこの作品に日本語の生命を吹き込みました。その結果がこんにちわたしたちの手にすることのできるこの作品です。この翻訳がまた傑作中の傑作として広く絶賛されていることもここに記しておくべきでしょう。

ラブレーの作品全体を貫いている「健康な笑いと風刺と写実の精神」は、ひとり文学作品としての価値を高めているばかりでなく、スポーツ史の観点からも得がたい史料をふんだんに提供してくれる貴重な文学作品ともなっているのです。その意味ではこの作品はスポーツ史研究の宝庫と呼んでもよいほどです。つまり、16世紀のフランスのスポーツ史を

１５３４年
渡辺一夫
健康な笑い

考える上で欠くことのできない重要な史料だ、という次第です。しかも、その内容がじつに豊かなのです。したがって、この作品にみることのできる「スポーツ」関連記事を一回の連載で全部紹介することはとても不可能といわねばなりません。そこで、それらの主なものをピック・アップして何回かに分けて紹介してみたいと思います。

重要な史料

謎歌としてのジュ・ド・ポーム

まずは、この作品のさいごのところに出てきます「テニス」の描写に注目してみたいと思います。当然のことですが、この時代の「テニス」とは「ジュ・ド・ポーム」のことです。第58章の「後世照らす謎歌」という部分がそれです。「謎歌」とありますように文字通り「謎」の歌で、ただ文字づらだけを読んでいきますと幾通りにも解釈が可能です。つまり、ラブレーがもっとも得意とする「風刺」が全編をおおっているわけです。そのため読む人の主観によってその意味のくみ取り方は違ってくることになります。だからこそ「謎歌」だ、というわけです。ここではこれをもっぱら「テニス」（「ジュ・ド・ポーム」）の歌として読んでみることにします。原文を全部引用することはスペース的にとても無理ですので、引用は必要最小限にとどめます。訳注を頼りにわたしなりの読みをつぎに紹介しましょう。

テニス

「謎歌」

幸《さち》待ち侘《わ》ぶる哀れなる人々よ、
勇を鼓して、我が言葉を聞き給え。（250頁）

幸せを待ち望んでいる可愛そうな人たちよ、勇気を出してわたしの言うことを聞きなさい、という書出しでこの「謎歌」ははじまります。そして、星占いや霊媒師の言うことを信ずるのなら、まずはわたしの言うことを聞きなさい、と続きます。そして、

来《きた》るべき冬の候、否《いな》、そを待たずして、
即ち、冬の来るに先立ち、我らの住まう
この地にぞ、一群の人々現れ出でむと。
これ、安息に倦み、閑暇に飽き足らず、
傍《かたわら》に人なきがごとくに、白日下に往いて
一切の衆生蒼民をば誘い惑わし、
争擾抗争を行なわしむる族なるべし。（251頁）

一群の人々

ポームは賭け事の巣窟

冬が訪れる前にわたしたちの住むこの町に「一群の人々」が現れますよ。この人たちは暇を持て余していて、他人の都合はなにも考えないで、だれでもかんでもみんな誘惑して「争擾抗争を行なわしむる族」なのですよ、というわけです。

この「一群の人々」をジュ・ド・ポームをする人びとと読みます。そうしますと「争擾抗争を行なわしむる族」というのはポームをすることによって賭け事のいざこざに巻き込んでいく人びと、ということになります。そういう賭け事に善良なる市民を巻き込んでいく悪いやからがやってきますよ、というわけです。

ポームをする人びと

（起こるべき禍事《まがごと》をも省みずして徒《いたずら》に、）
その言をば信じ、これに耳を傾けなば、
友垣は破られて、公然の敵《かたき》となり、
骨肉は離反して、相食むにいたらむ。（251～252頁）

そういう悪事をたくらんでいるやからの甘い誘惑にのせられてしまうと、友情も親兄弟の関係もみんな壊れていがみ合いになってしまいますよ、というわけです。「公然の敵」とはポームの試合相手、つまり競技者（すなわち、賭けの相手）のことを意味します。

競技者

混沌と下克上の世の中をポームで描写

不逞なる子らは、集《つど》いて徒党を組み、
己が父に背くの非道を恐れざらむ。
優れし血筋を受けし高き位の人々も
下僕の族《やから》に襲わるるにいたるべし。
樹てし名誉と畏敬との誓約も、
ここに秩序《ととのい》と弁別との一切を喪《うしな》わむ。（252頁）

ひとたびポームに熱中してしまいますと、親の言うことは聞かないし、身分や名誉も関係なくなってしまい、これまでの社会制度や慣習はいっさい無視され、混沌と下克上の世の中になってしまいますよ、と言います。

混沌

蓋《けだ》し、彼ら徒輩は揚言して曰く、
順次に高きに登り、また降《くだ》るは宿命《さだめ》と。（252頁）

ルール

かれらはことさらのように言います。ポームの実力がランキングを定めるのはルールなのだ、と。この部分は「サービスをするために場所を変える」ことを言っているのだ、と解釈することもできます。つまり、ポームではコートのサイドがサービス・サイドとレシーブ・サイド（ハザード・サイド）に固定されていますので、レシーブ・サイドのプレイヤーが勝ちをおさめますとサービス権を手にし、そのつどサービス・サイドのコートに入れ替わります。このことを言っているのだ、というわけです。

「力の論理」

いずれにしましても、伝統的な社会のルールとは関係のないまったく別のポームの世界では「実力」だけがものをいい、力のある者が上にあがり、ない者は下がるのだ、というわけです。つまり、階級社会を越えた「力の論理」が幅をきかす社会なのだ、というわけです。

ルールは誰のためのもの？

その結果、この新しいルールに馴れない人びととの間では喧嘩や争いごとはあとを絶たず、その醜さは見られたものではないですよ、とつづきます。それもそのはずで、一回の勝負ごとに賭け金が動くのですから、ただごとではありません。それでも、いったん味をしめてしまいますと、もう病み付きとなり足を洗うことはできなくなってしまいますよ、と説きます。

賭け金

この時ぞ、真理を奉ずる人々よりも、
大いなる権勢を得るは信仰なき族《やから》なり。
その故は、世を挙げて、無知蒙昧の
衆愚の信心と情熱とに従うままに、
最も鈍重なる者、判者と認めらるるが故なり。（253頁）

信仰なき族

このポームの世界では「真理を奉ずる人々」（＝福音主義者）よりも力をもっているのは信仰のない人たちなのだ。なぜなら、なにもわかっていない愚かな人びと（＝観衆）の言うままに従う「最も鈍重なる者」（＝球戯場係の下男）が審判として認められているからだ、という次第です。このテクストによりますと、ネットの代わりにまだロープが張ってあるだけのコートですから、ボールがロープの上を通ったか、下を通ったかの判定をめぐってしば

審判

しばもめごとがおこったと言います。その判定は最初に断定した人間のことばを信じておこなわれたと言います。つまり、球戯場係の下男はたんなるダミーで、決定権は観衆が持っていた、ということになります。

ポロポロになるボールの隠喩は？

このような状態でのポームの試合がどのように展開されるかは想像にかたくありません。しかも、賭けが同時に進行しているのですから、どのような騒擾や抗争があったかも想像できます。こうして、プレイヤーは汗びっしょりになりながら欲と名誉をかけて戦います。そして、双方がへとへとに疲れ切るまではこの勝負はおわりません。ふだんおとなしい人であっても、ひとたび勝負となれば死力をつくしてとことん闘うことになるのは当然です。

やがて、その闘争心が日常化してしまってついには罪もない羊にまでその災いがふりかかります。なぜなら、この狂った人びとは羊の腸（＝ガット）を神々に捧げるのではなくて、ポーム用のラケットに使って浪費しているではないか、と嘆きます。そして、いったいどうすればこの禍から逃れられるのであろうか、と。

騒擾や抗争

羊の腸

また、かくも深き騒擾の裡《うち》にあって、
この球体はいかなる安息を得むや！
球体に拠って世にも至福なる人々も、
これを失い損ずるを顧《かえり》みることなく、
更に、数々の手段《てだて》をば弄びて
これを隷属せしめ獄屋に送らむと努むべし。
見る影もなき姿の球体こそ、憐れ、
自らを作りし人に救済《すくい》を求むるのみ。（254頁）

王権のシンボル

「球体」とはボールのことですが、同時に王権のシンボルでもあります。そのことを念頭におきながら読んでみますと、この部分がまことに意味深長であることが判ります。「獄屋」というのはコートのなかに設けられている「孔」のことで、ここにボールを入れると特別のポイントとなります。このようにしてボールを激しく打ち合っているうちにボールはボロボロになってしまう、と嘆きます。

世相諷刺をポームで

以上がこの謎歌の約半分の紹介です。このあと、ドローの話、延長戦とデュースの話、休息のための焚火の話、勝った者と負けた者の対比、等々がつづきます。

世相風刺の歌

この謎歌は、このようにポームの情景を歌ったものだ、と読むこともできるのですが、見方をひとつ変えると、完全な世相風刺の歌となってしまいます。じっさい、16世紀のパリは形骸化した教会権力（カソリック）に対して、ルターのプロテスタンティズムの台頭、これに触発されたカルヴァンの登場、福音主義やユマニスムの運動、さらにイエズス会の活動、等々の諸勢力が互いに凌ぎをけずり、その狭間で王権が揺れ動いていました。ましてや、一般大衆はこの騒擾の真っただ中にあって、どのようにみずからの身を処していったらよいか困りはてていたと言ってよいでしょう。こうした時代状況をラブレー一流の風刺のなかに写し取ったものがこの「謎歌」というわけです。しかも、その「めくらまし」をより一層効果的にするためにポームを題材として利用したという次第です。

超人的英雄一族の物語

この物語の内容はかんたんに言ってしまえば、フランス中世に伝承されていた超人的英雄一族の話、ということになります。いうなれば、当時、大流行していました中世騎士物語なのです。しかし、ラブレーはかれ一流の風刺をふんだんに盛り込み、爆発的な笑いと生命力に満ちあふれた物語として再構築しました。その結果、この物語をありきたりの中世騎士物語で終わらせることなく、まったく新しい文学の形式を提示したものとして高く評価されることになりました。

この物語の主人公であるガルガンチュワは、超人的英雄と呼ばれるにふさわしく、この時代のあらゆる技芸に秀でており、かつ冴えた智恵の持主です。この英雄ガルガンチュワが徹底した笑いの触発者を演じながら、頭の固くなってしまったどうしようもない神学者や修道士や教育者、動脈硬化をおこしてどうにもならなくなってしまった教会の制度や因習、各国君主の侵略政策、等々を徹底して批判し、破壊していきます。そこに繰り広げられる冒険や哄笑の中にこそ、この時代のルネッサンス人の願いや歓びや生命力の爆発的な表現を読みとることができると思います。

この物語は中世騎士物語にふさわしく、超人的英雄ガルガンチュワの「誕生と幼年時代」、「遍歴時代」、「超人的武勲」という三部構成になっています。したがって、ガルガンチュワがどのようにして成長し、さまざまな学芸を身につけていったかを知るには格好のテクストになっているという次第です。今回はその中の乗馬術にこだわってみたいと思います。

中世騎士物語

超人的英雄

冒険や哄笑

乗馬術

鞍馬の原点＝木馬

……一生涯を通じて馬乗者《うまのり》の名人になってもらいたいというので、皆は、見事な大木馬を一つ作ってやったが、彼は、これに跨《また》がって足踏みをさせたり、飛びあがらせたり、跳ねまわらせたり……（72頁）

木馬遊び

ガルガンチュワの幼年時代（第11章）のなかには、いわゆる腕白小僧の遊びがふんだんに描かれています。そのなかの一つに玩具の木馬遊びが出てきます。どこの国の子どもも同じで、木馬遊びは古くからおこなわれていたことが広く知られています。しかし、よく考えてみますと「馬に乗る」ということ自体が特権階級のあかしであったわけですので、いまの子どもたちが木馬に乗って遊ぶというのとはわけが違います。しかも、一国のリーダーとして将来君臨してもらわなくてはならない王子の木馬遊びとなれば、これはもう立派な教育以外のなにものでもありません。つまり、教育プログラムの一環としてこれを捉えなければなりません。

教育プログラムの一環

馬と寝起きを共にする

彼自身も、一台の大きな木材車を狩猟用の馬に見たて、葡萄圧搾《しぼり》器の梃《てこ》を日常用の乗馬とし、太い樫の丸太棒を鞍敷つきの騾馬に見なして居部屋用にした。この外《ほか》に、十頭か十二頭の換え馬や七頭の駅馬を持っていた。そして、それを全部自分の側に寝かせていた。（73頁）

狩猟用の馬

駅馬

あてがわれた玩具の馬だけで満足するのではなく、身のまわりの小道具をことごとく馬に見たてて、それぞれの用途に使い分けて遊ぶあたりは、やはり時代の申し子というべきでしょう。ここで興味ぶかいことは「居部屋用」とか、「自分の側に寝かせていた」という描写です。自分の好きな玩具と一緒に寝る、というのはむかしから変わっていない子どもの習性である、と解釈してすますこともできます。

が、もう一歩踏み込んでみますと面白いことに気づきます。というのは、当時の武将や君主はしばしば自分の愛馬と寝起きをともにした、という話がたくさん残っているからです。そして、その伝統を引き継いだと思われる話が18世紀のイギリスの小説『トム・ジョウンズ』のなかにも出てきます。この時代の「ジェントルマン」にとって大切なものは、

愛馬と寝起きを共に

第一に馬、第二に犬、第三に子ども、第四に妻、という話が出てきますし、寝起きをともにしているのは妻ではなくて「馬」と「犬」です。ですから、ガルガンチュワがこのような慣習のなかに生まれ育ったとしても少しも不自然ではありません。馬はそれほどに大事なものであった、ということに注意を向けるべきでしょう。

馬を御すということ

アレクセンデル

影に怯びえる

マケドニヤの王フィリップスは、その子アレクサンデルが馬を巧みに乗りこなすのを見て、その優れた能力を知ったという。と申すのは、その馬の気性は極めて荒く癇《かん》も強かったので、誰一人としてこれに乗ろうという者がいなかったのであり、つまり、誰かがこれに跨《また》がると、猛烈な体揺すりを喰らって、或る者は首を、或る者は脚を、また外の連中は頭蓋骨を、また他の者どもは顎を打ち砕かれてしまうという羽目になったからだ。アレクサンデルは、馬場《イポドローム》に立ってこの有様を見ていたが、馬が怒り狂うのは自分の影に怯《おび》えるために外《ほか》ならぬと考えたのだ。そこで、これに打ち乗り、太陽のほうへ向けて走らせてみたところが、その結果影も後へ落ちることとなったので、こうして思いのままに馬を操れるようになったのじゃ。(84〜85頁)

この話には説得力があります。すんなり納得できると同時にいろいろのことを考えさせられてしまいます。たとえば、王者たるものの第一条件は乗馬術に秀でていなければならない、ということの意味の重さです。いかなる悍馬であれ、荒くれ馬であれ、それをみごとに乗りこなしてみせる技量を持ち合わせていること……それを見せるだけで部下を圧倒し、納得させることがリーダーにもっとも大事な資質であること……そのためには、いかなる馬をも乗りこなすための才覚を持っていること……つまり、その才覚をささえる観察力や洞察力が必要であること……すなわち、真の賢さが問われていること。

リーダー

真の賢さ

乗馬術は王たる者の教養

逆にいえば、「馬に乗る」だけで武人としての資質はすべてわかる、といっても過言ではないということです。とすれば、他の武術とは違って戦わずしてその資質を証明することができる、それが乗馬術である、ということになります。武人が乗馬術にこだわる理由もおぼろげながら見えてきます。そしてさらに、武人が愛馬と起居をともにするということの必然性も理解できます。「人馬一体となる」ということの意味はかくも奥行きが深いので

武人としての資質

「人馬一体」

す。したがって、ガルガンチュワもまたきわめて熱心に乗馬術の訓練をします。毎日、きちんとした指導者のもとで計画的なプログラムに沿ってレッスンを消化していきます。

これがすむと、屋外に出たが、楯持士《たてもち》のジムナストと呼ばれる一人のトゥレーヌ州出の青年貴族を伴って行き、この人に乗馬術の手解《ほど》きをしてもらった。

そして、ガルガンチュワは着物を着換えて、軍馬なり荷担ぎ馬なりイスパニヤ馬なり、また身も軽《かろ》やかなバルベロ馬なりに打ち乗って、馬場を百回も走らせたり、空中へ跳びあがらせたり、掘割を飛び越えさせたり、矢来越えをやらせたり、輪のなかを右へ左へと小さく廻らせたりした。（119頁）

ジムナスト

『第二之書ガルガンチュワ物語』

ウィーンのスペイン乗馬学校

これは１５３０年代の、パリの、いわゆる乗馬学校でおこなわれていた練習風景の一部をいまに伝えるものと考えてよさそうです。といいますのは、イタリアにはじまるいわゆる乗馬学校の卒業生たちがヨーロッパの各地に乗馬学校を建てて開業するのが１５００年代に入ってからだと考えられているからです。ウィーンのスペイン乗馬学校は現存する数

スペイン乗馬学校

少ない例の一つですが、そのはじまりは１５２５年です。しかも、その名のとおりスペインの王宮から持ち込まれた学校です。その優雅な乗馬術はいまでも観光客の目を楽しませるに十分なものがあります。

そんな目でもう少しガルガンチュワの乗馬術の練習をみてみたいと思います。

> 喇叭《らっぱ》の音につれて馬を進めたり、馬に跨がって、はいしいはいしいと小声で操《あやな》したりすることにかけても、ガルガンチュワに優る者は誰一人としていなかった。フェラーラの曲芸騎士《きょくのり》もこれに比べたらお猿同然にほかならなかった。特に、馬から馬へと、地面に足も触れずに素早く飛び移ることも習い覚えたし、――かような馬のことを、飛　乗　用《シユヴオー・デジユルトワール》　馬と人々は呼んでいたが、――また、左側からでも右側からでも、槍を拳にしたまま、鐙皮《あぶみがわ》も使わずに馬の背に乗ったり、大勒なしで馬を思いのままに進めたりすることも覚えたのであるが、かくのごとき技こそ、武術錬磨に役立つからである。（120頁）

曲芸騎士

乗馬術の三つの系譜

ここで確認できますことは、イタリア式の乗馬学校の流れをくむ乗馬術（フェラーラ）とサーカスの系譜と考えられる曲乗り（見世物）とドイツ体操の源流の一つとなるボルティギーレン（武術のための曲馬術）の三つの系譜が描かれているということです。

三つの系譜

最初のイタリア式のフェラーラのものは、馬をいかに優雅に、しかも自由自在に操ることができるか、その技を磨くものです。これはウィーンのスペイン乗馬学校と同じ系譜のものと言ってよいでしょう。二番目と三番目のものとの区別はなかなかむつかしいところですが、ここでは武人の訓練ですので、ボルティギーレンとして一纏めにしておいた方がよいかも知れません。それにしてもこのような曲馬術がどうしてこんなに真剣に練習されたのか、不思議です。幸いにも、この曲馬術の戦場の敵前での描写がありますのでそれを見てみたいと思います。

曲馬術

曲馬＝戦わずして勝つための技法

そこでジムナストは、馬からおりるような振りをして、馬の左腹にぶらさかったが、細身のバタルド刀を小脇に掻いこんだまま、鐙《あぶみ》革をくるりと廻したかと思うと、馬の腹を潜って宙に飛びあがり、馬の頭に尻を向けて鞍の上へ両足を揃えてしっかと立った。そして、こう言った。「この乗り方は逆手でござったな」と。

そこで、そのままの位置で、ぽんと片足を踏んで跳びあがり、くるりと左廻りをして、見事《みごと》初め通りの馬上の姿に戻った。（168頁）

これは戦場での曲馬のパフォーマンスです。これを見ていた敵の兵士たちは「南無三宝！　こりゃ、鬼か悪魔が化けて出たのだぞ。主ヨ邪ナル敵ヨリ我ラヲ救イ給エ《アブ・ホステ・マリグノ・リベラ・ノス・ドミネ》！」（170頁）と言って逃げ出した、という次第です。もし、これが真実を伝えるものだとすれば、曲馬術もまた、戦わずして敵を圧倒し、勝負するための優れた戦術であった、ということになります。

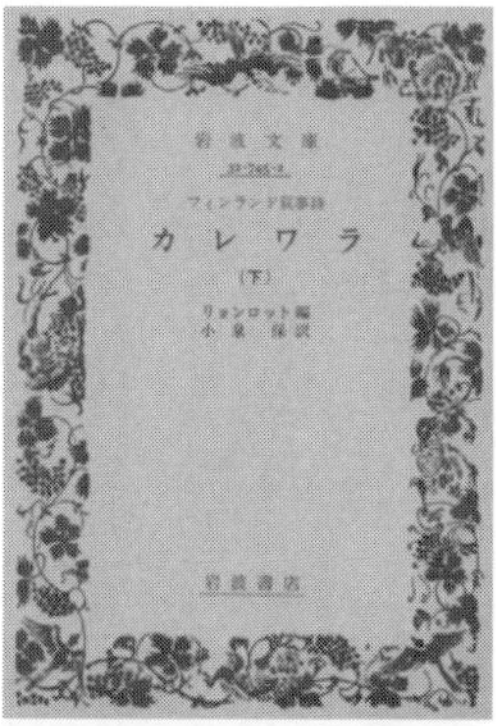

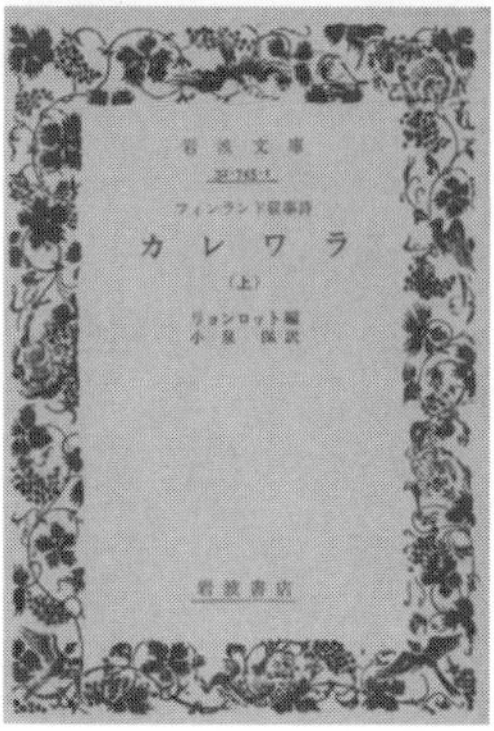

フィンランド叙事詩『カレワラ』

リョンロット編、小泉　保訳、岩波文庫

――「ノルディックスキー」の原風景

叙事詩に登場するノルディック・スキー

フィンランド叙事詩というサブ・タイトルからもある程度の推測はしていただけると思いますが、この叙事詩に登場するスポーツ的話題の中心はなんといってもスキーです。この北欧型のスキーが、どのようなものであったのかを知るには、この『カレワラ』が好古の素材をふんだんに提供してくれます。いま、「北欧型のスキー」という表現をしましたが、こんにちの「ノルディック・スキー」のことです。これは申し上げるまでもなく、中欧、つまりオーストリアやスイスやイタリアやフランスの山岳地帯（アルプス地方）で発達した「中欧型のスキー」、すなわち、「アルペン・スキー」と区別することを意図したものです。

ついでですので、もう少し踏み込んでおきますと、北欧型のスキー、すなわち「ノルディック・スキー」はディスタンス（距離競技）とジャンプ（跳躍競技）を中心に発展したスキーのことを意味します。それに対し、中欧型のスキーは、すなわち「アルペン・スキー」と呼ばれるスラローム（回転競技）とダウン・ヒル（滑降競技）を中心に発展したスキーのことを意味します。この両者の本質的な違いは、前者が比較的なだらかな丘陵地帯や無数にある湖沼の氷雪上で発達したのに対し、後者は急峻な山岳地帯の深い雪のなかで発達した

スキー

「北欧型のスキー」

「ノルディック・スキー」

という点です。

少し前置きが長くなってしまいましたが、まずはメインの話題であるスキーから入ってみたいと思います。『カレワラ』に登場する主要人物の一人レンミンカイネン（ドンファン型の好男子であり、血気盛んな剣士。呪法も心得ている）が、求婚した娘の女主人《あるじ》から出された課題の一つである鹿狩りに取り組むわけですが、そのためにはまずスキーがどうしても必要というわけです。

鹿狩り

狩猟用のスキーと弩

　そこでむら気なレンミンカイネンは
彼の槍に切っ先をつけ、
彼の弩《いしゆみ》を引き絞り、
彼の太矢を用意した。
自らこんな言葉を述べた。
「さて槍には切っ先をつけ、
すべての太矢の用意ができて、

槍に切っ先をつける

太矢

弓の弦《つる》も張りつめたが、
押し進むのに左のスキーがなく、
踵《かかと》を乗せる右スキーもない。」
　そこでむら気なレンミンカイネンは
考え思いをめぐらした。
どこからスキーを手に入れるか、
どうして小さなスキー具を。（上・175頁）

左のスキー

ここに出てくる弩《いしゆみ》は、いわゆる城攻めなどに用いられるパネ仕掛けの大きな弓のことではなく、狩猟用の山野をかけめぐることのできる携帯用のバネ仕掛けの弓のことです。いろいろの形態があったようですが、訳注によれば、つぎのように説明しています。

弩

　弩には鞬もしくは布の弦が張ってある鉄の柄に対し十字をなして台木がついている。そして腰帯と弦とが紐でつながっている。足を台木の先にあるあぶみに当ててふんばり、屈んでから腰を伸ばす反動を利用して弦を張り引き金に掛ける仕組みになっている。狩猟、戦闘用の強力な武器である。

太矢については、訳注によりますと「先端が丸い木片でできている。これに当たると、鳥や小動物は失神するだけなので無きずの毛皮が手にはいる」（上・406頁）ということです。

左右長さの違うスキー

先の引用で大変興味深いのはスキーの用途が左と右によって違うというところです。これまでに左右の長さの異なるスキーの絵をいくつか見たことがありますが、それがどういう理由によるのか、わたしは長い間、疑問に思っていましたが、その解答の一つがここに出てきます。このあとの引用にも出てきますが、短い方の左スキーでキックして、長い方の右スキーで滑らせるというのがこのスキーの特徴のようです。

右スキーで滑る

さて、レンミンカイネンはスキーをこしらえる職人をたずねて、よいスキーをつくってくれるよう依頼します。

カウッピの屋敷へと行って、
リューリッキの鍛冶場へはいった。

鍛冶場

「おお、賢いブオイェラの人よ、
端麗なラップのカウッピよ！
わしによいスキーを作ってくれ、
見事な右スキーをこしらえよ、
それでヒーシの鹿を狩り立てるのだ
ヒーシの畑の果てから！」
リューリッキは言葉を述べた、
カウッピは早口にしゃべった。
「無駄に出かけるかレンミンカイネン、
ヒーシの鹿を追いかけに。
腐った木切れを得るだけだ、
それもたいそう苦労して。」
　レンミンカイネン何を気にしよう！
自らこんな言葉を述べた。
「押し進む左のスキーを作れ、
突き進む右のスキーを作れ！

鹿をスキーで狩りに行く
ヒーシの畑の果てから。」
　リューリッキは左スキーの工匠《たくみ》で、
カウッピは右スキーの作り手だ、
秋に左のスキーを仕上げ、
冬に右のスキーをこしらえた、
一日でスキーの杖を彫り、
二日でスキーの輪を付けた。
　左スキーは押しやるように、
右スキーは踵《かかと》を当てるよう、
スキーの杖の柄を仕上げ、
スキーの輪をば嵌《はめ》合わせた。（上・175〜176頁）

スキーの杖

スキー製作者

ここにはリューリッキとカウッピという二人のスキー製作者が登場しますが、おもしろいことに左スキーと右スキーは分業でつくられています。訳注によりますと、「左スキーは松の板で長く滑りやすいがもろい、右スキーは短くて馴鹿の皮をつけてある」ということ

馴鹿の皮

ですが、いま一つ鮮明さを欠いています。O・マグヌスの本の図版などで確認できているかぎりでは、左スキーが短く、右スキーが長い、というのが一般的です。訳注がどのような根拠でこのように記しているのか、こんごの検討が必要なところです。そして、右スキーの馴鹿《となかい》の皮がどのような役割をはたしたのか、知りたいところです。考えられますことは、登山用のスキーなどで用いるアザラシの毛皮のシールと同じような目的で用いられのではないか、ということです。つまり、登りのときは滑り止めとなり、下るときにはそのままよく滑るように、というものです。

ただ、はっきりしていますことは、当時のスキーのビンディング（締め具）はきわめてかんたんなもので、ひっかけるだけのものであったり、よくても木靴のように履くだけのもので、雪のなかにもぐり込むのを防ぐ輪かんじきと氷上を滑るスケートの両方の機能を備えたものがスキーであったようです。

ストックは現在のものよりもやや長めのもの一本で、右手にストック、左手に弩というのが狩猟のときの一般的ないで立ちであったようです。ストックが二本になるのは、スキーが遊戯化、もしくは競技化してからと思われます。ちなみに、日本の高田連隊でオーストリア・スキー術を教えたレルヒ大佐も一本ストックであったわけですが（ズダルスキーのスキー術）、これなども片手に銃を持つ実用術段階のスキーであったことを如実に示しています。

ビンディング

ストック

レルヒ大佐

となかいの獣脂をワックスとして

スキーの杖は川獺《かわうそ》の値段
その輪は茶狐に値《あたい》した。
　脂肪をスキーに塗りこんだ、
馴鹿《となかい》の獣脂を厚く塗り。
自らこのように考えた、
このような言葉を言った。
「この若者たちの中にいるだろうか、
育ちゆく世代の中に
あの左スキーを押してやり、
右スキーを踵で蹴るものが？」
　むら気なレンミンカイネンは言った、
血の気の多い好漢は言った。
「まことにこの若者たちの中、

獣脂

育ちゆく世代の中にはいるぞ
あの左スキーを押してやり、
右スキーを踵《かかと》で蹴るものが。」
　背中に矢壺をゆわえつけ、
新しい弩《いしゆみ》を肩にして、
杖を手に掴んだ。
左スキーを押して出た、
右スキーを踵で蹴って。（上・176～177頁）

かわうそや茶狐の値段が現在と等価であるとは思えませんが、スキーのストックが相当高価なものであったことは推測にかたくありません。スキーのストックが狩猟に欠くことのできない必須の道具であると同等、もしくはそれ以上にかわうそや茶狐の毛皮は生活必需品としての価値を持っていたと考えられるからです。

　スキーの板にはとなかいの獣脂を厚く塗ったという描写が出てきます。獣脂は暖めれば溶けますが、温度が下がればかたくかたまりますので、フィンランドのように気温の低いところではワックスとして最適であったろうということがわかります。

こうしてレンミンカイネンはスキーの準備をととのえ、いよいよ「ヒーシの鹿」狩りに「ヒーシの鹿」狩り出かけます。

「ヒーシの鹿狩り」

むら気なレンミンカイネン自身
鹿をスキーで追い続けた。
湿地を滑り、山野を滑り、
広い荒れ地を滑った。
スキーからは火が吹いて、
杖の先からは煙が出たが、
その鹿は見当たらなかった、
見えもせず、聞こえもしない。
山を滑り、谷を滑り、
海の向こうの土地を滑った。
すべてのヒーシの森を滑った、

すべてのカルマの荒れ野を。（上・178～179頁）

まず、レンミンカイネンが滑ったところを見てみますと、湿地であり、山野であり、荒れ地です。いわば、平地の湖沼地帯と近郊の丘陵地帯です。それでも目指す鹿が見つからないので、山や谷や海の向こうということになります。つまり、レンミンカイネンの時代のスキーは平地の氷雪上を滑るのが中心であって、よほどのことがないかぎり山や谷へは行かなかったことがわかります。このことは、つぎのような描写からも裏づけることが可能です。一度つかまえた鹿が逃げ出したためにそれを追い、深追いしすぎた結果がつぎのとおりです。

湖沼地帯

鹿の後を追う

そこから飛び出して、
鹿は速く駆け去った
湿地に向かい、山野に向かい、
灌木の丘へと向かって
目に見えなくなるほど遠く、
耳に聞こえなくなるほど遠く。

そこで血気の好漢は
立腹しそして怒った、
たいそう立腹し荒れ狂った。
鹿の後を滑って追った。
一度《ひとたび》蹴たてるやいなや、
左スキーは留め金が砕け、
スキーは底板が壊れ、
右スキーは踵《かかと》のもとで裂けた、
槍は切っ先の付け根で、
杖はスキーの輪の継ぎ目で。
ヒーシの鹿は走った、
頭も見えなくなるほどに。（上・181〜182頁）

この描写を、あまり乱暴に扱うと壊れてしまう程度のスキーであったと読み取るべきか、それとも平地以外のところでの使用には耐えられない程度のスキーであったと判断すべきかは微妙なところです。いずれにしても、頑丈な、使い方によっては足の骨が折れてしまうというような今様のスキーとは程遠いものであることは間違いありません。

鍛冶の技術をもつ国「カレワラ」

話が前後してしまいましたが、ここに描かれているスキーの話はいつごろのものと判断したらよいのか、少し考えてみたいと思います。

このフィンランドの叙事詩『カレワラ』は、医者であり文学者であったリョンロットが1827年ころからフィンランドの各地やロシアのカレリア地方まで探索して、口碑、伝説、歌謡を収集し、それらのなかから内容的に関連するものを編纂して1849年に刊行したものだといわれています。カレワラ（Kalevala）とは「カレワラの勇士たちの国」という意味で、「ワイニョラ、イルマ、ウトゥニエミ（霧の岬）、テルネンサーリ（靄の島）、スオメラ、カウコニエミ、パイビョラ（太陽の国）、ブオイェラ、ルオトラ、ミマリスティに対する一般的名称」とのことです。

編者リョンロットによれば、カレワラは「フィンランド人の最古の祖先で、フィンランド本土へやってきた後、その部族が地方に拡散していったもの」と考えられています。また、「フィンランド神話」によれば、「カレワは恐るべき強力な巨人で、ポホヤンマーに住

1827年頃

「フィンランド人の最古の祖先」

十二人の息子

んで居り、信じられないほど強い十二人の息子がいた」ということです。

さらに興味深いのは、カレワ（Kaleva）は「語源的にはリトワニア語のK'alvis『鍛冶』から出た」という説があり、それを立証するかのように、鉄や鋼を鋳造、加工する技術を持った英雄イルマリネンがこの叙事詩のなかで重要な役割を果していること、したがって、この叙事詩のなかでしばしば、しかも詳細に「鍛冶」に関する話題（サンポの鍛造、造船、鉄の起源の呪文など）が登場することです。

フィンランド建国

七世紀から十世紀

少々話題が横道にそれてしまいましたが、叙事詩『カレワラ』の骨子はフィンランド建国にかかわる伝説や歌謡や口碑を集大成したもので、それらはおよそ七世紀から十世紀にかけて未開の名もない百姓や猟師たちによって作られたものと推定されています。したがって、さきに引用したスキーに関する話もおよそ七世紀から十世紀にかけてのもの、と判断してよいかと思われます。

健康と平和のための「サウナ」

「湯浴みの呪文」

さて、スキーのつぎにどうしても取り上げておきたい話題はサウナです。まずは「湯浴みの呪文」から見ていくことにしましょう。

「さあ湯気にはいりたまえ、神よ、
天父よ暑さの中へ
健康をもたらすため、
平和を築くため！
恐るべき火花を一掃し、
恐るべき疫病を殲滅《せんめつ》し、
汚された湯気を地へ叩きつけ、
悪質な湯気を追い出してくれ、
あなたの息子を焼かないよう、
あなたの子孫を害《そこな》わぬよう！
　「この灼熱した石の上へ
わしが投げるどの水も、
それを蜜に変えたまえ、
蜂蜜として湧き出させよ！
蜜の川を流したまえ、

蜂蜜の池を波打たせよ
石の竈《かまど》を通して、
苔で覆われたサウナを通して！（下・301頁）

蜂蜜の池

サウナが健康と平和に役立つ

「湯浴みの歌」

ここではまず、サウナが健康と平和に役立つことが高らかに謳われています。真赤に灼けた石の上にうつ水は、瞬時にして蜂蜜に変じ、人びとの身も心も洗い浄めてくれるというわけです。フィンランド人にとってサウナは、ただ戦争を一掃し、疫病を追放するためにだけ用いられたわけではありません。たとえば、結婚儀礼の一つとして「湯浴みの歌」（さきの引用もその一部）が歌われ、サウナ入浴がおこなわれます。

結婚儀礼としてのサウナ入浴

名も麗《そうわ》しいアンニッキは
秘かにサウナを暖めた
大気の雷が打ち倒し、
風が引き裂いた木でもって。

急流《ながれ》から石を集め、
熱気をかもした、
愛の泉からの水で、
静かに澄んだ沼から。
茂みから湯浴みの小束を折った、
愛欲の小束を木立ちから、
甘美な石の先で。
凝《こ》った石鹸を用意した、
骨髄の石鹸を、
火花を出す石鹸を、
泡立ち火花を出す石鹸を、
婚約者の頭を洗うため、
その体を濯ぐため。（上・264頁）

アンニッキは鍛冶イルマリネンの妹で、サウナを熱し、水を汲むのは当時の娘の仕事とされていました。また、「雷が打ち倒し、風が引き裂いた木」というのは自然の霊ののりうつったもっとも価値のある木というメタファーだそうです。さらに、「湯浴みの小束」は白樺の若枝の小束で作り、サウナのなかでこの小束を水に浸して柔らかくし、それでからだを軽く叩くと全身から汗がわき出てくる、というわけです。しかも、若木の枝は愛情細やかな処女のことを意味する、というのですからサウナにかかわるメタファーの世界ははてしなく展開していきます。なお、からだを洗うのには灰汁を用いるのが一般的で、石鹸は地中海方面から渡来してきたものだということです。

「湯浴みの小束」

サウナのメタファー

お産の場としてのサウナ

サウナはまた、お産の場としても重要な役割をはたしたようです。

お産の場

そこで黒いトゥオニの娘、
悪質なマナラの処女は、
ポホヨラの住みかへやって来た、
カリオラのサウナのもとへ
その子供を生み落とすため、

その胎児を儲《もう》けるため。
ロウヒ、ポホヨラの女主人《あるじ》、
ポホヤの歯抜け婆は、
彼女を秘かにサウナへ導いた、
人知れず浴室へと、
村人にも聞かれずに、
村に噂《うわさ》が漏れないよう。
秘かにサウナを暖めた、
せわしく立ち働いた。
扉にビールを塗りつけ、
蝶番《ちょうつがい》を薄ビールで湿した、
扉が軋《きし》まないように、
蝶番が鳴らないように。（下・297頁）

サウナは、もちろん日常生活の疲労回復やからだの汚れを洗い落とすためになくてはならないものであったわけですが、そればかりでなく、さらに積極的に疫病を克服して健康を取り戻すために利用されたり、平和維持、結婚儀礼、出産の場としても利用されたことが、この『カレワラ』をとおして明らかになってきます。病気治療に関しては、引用は省略しますが、激痛、腹痛、痛風、佝僂病《びょう》、腫れ物、皮癬《ひせん》、癌《がん》、ペスト、魔法使（妊術師）の治療のためにサウナがかれらの生活にとっていかに重要な位置を占めていたかということがわかります。

病気治療

橇と船による「求愛戦争」も

この叙事詩のなかで何回も繰り返し描写され、強い印象を受けるものに馬の引く橇があります。これもまたかれらの生活必需品であったことがよくわかります。

馬の引く橇

強固な老ワイナミョイネンは
栗毛の馬を引き出《いだ》し、
駿馬に馬具を取りつけた、
栗毛の馬に橇の前で。
自ら橇に身を躍らせて、

栗毛の馬

『カレワラ』

橇の中に落ち着いた。
はやる馬に鞭を当て、
球飾りの鞭を打ち鳴らした。
　はやる馬は走り、旅は捗《はかど》り、
橇は進み、道は縮まった、
白樺の滑りが鳴り、
七竈《ななかまど》の轅《くびき》が軋《きし》んだ。
　けたたましく走った。
湿地を走り、土地を走り、
広い野原を走った。（上・126頁）

橇にもいろいろの種類があったようで、他のところに「籠橇」というのが出てきます。「籠橇」それは、訳注によれば、「橇の上部が編み籠か松の板でできていて背部が高く、装飾を施したものもある。東フィンランドで用いられている」（上・396頁）ということです。橇のなかにはいろいろの毛皮を敷きつめて暖がとれるようになっており、籠橇でない場合には編み籠や松の板の代わりにロープを網の目のようにからめて固定したようです。

さて、今回は割愛せざるを得ませんが、かつてのバイキング時代を彷彿とさせるような掠奪船の作り方とか、橇と船による「求愛戦争」とか、古い民族歌謡を輪唱しながら輪になって踊るダンスとか、決闘の方法（マナー）、水泳、熊祭り、棍棒、弩や舟や種馬の種類、兜、轅《ながえ》や軛《くびき》、等々の話題がこの叙事詩のなかにはふんだんに登場します。北欧の人びとの生活とスポーツとの接点を知る上で必読の文献と呼んでよいでしょう。今回は、フィンランドのもっとも特徴的だと思われるスキーとサウナの話題に焦点を当ててみました。

『新訂　梁塵秘抄』

佐佐木信綱校訂、岩波文庫

——「遊び」「戯れ」は浄土の世界

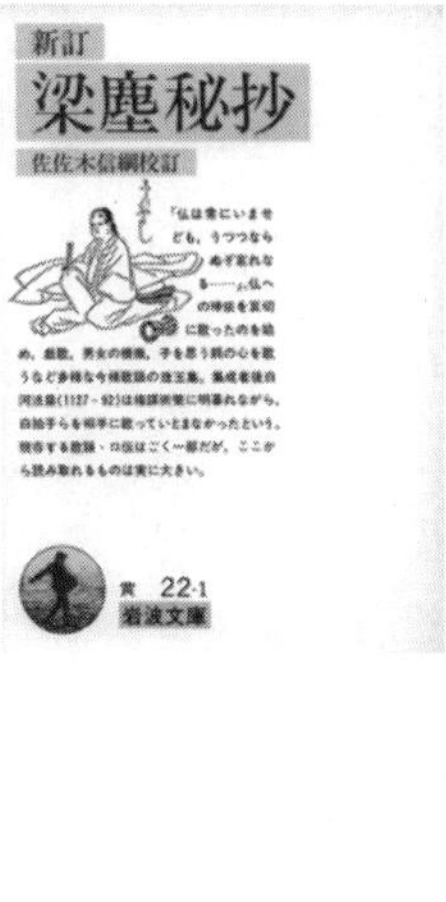

遊びをせんとや生れけむ

遊《あそ》びをせんとや生《うま》れけむ、戯《たはぶ》れせんとや生《むま》れけん、遊《あそ》ぶ子供《こども》の聲《こえ》きけば、我《わ》が身《み》さへこそ動《ゆる》がるれ。三五九（66頁）

『梁塵秘抄』といえば、まずまっさきに思い浮かぶ今様がこれであろうと思われるほどによく知られたフレーズです。それだけに、この今様をどのように解釈するのかということも、これまで多くの人びとによって議論されてきました。ごく一般的には「人間というものは遊び戯れるためにこの世に生まれてきたのだ、だから子どもが無心に遊んでいる声を聞いていると、とてもじっとしてはいられません」という程度に受け止められているようです。そして、その背後には「あまりむつかしいことや、お固いことは言わないで、もっと大らかに人生を遊び楽しもうではないか」という意味が隠されているのだ、と読み取られているようです。しかし、これは完全なる素人的解釈であって、専門家の諸説に耳を傾けてみますと、ことほどさように単純ではないということがわかってきます。つまり、ここで言う「遊び」はそんなに単純な意味ではない、ということです。幸いなことに、「古典を読む・

今様

「遊び」

シリーズ」23、加藤周一著『梁塵秘抄』（岩波書店）が手元にありますので、この本のなかで紹介されている諸説を取り上げてみたいと思います。それによりますと、歌の末尾の「我が身さへこそ動《ゆる》がるれ」をどのように解釈するかという点で意見が分かれていくようです。

遊女の歌

第一説。「遊びはアソビメに、戯れはタハレメに通じ、これは遊女の歌であるとして、遊女の仕事は罪深いものとされるから（仏教）、純真無垢の子供の声に触発され、『悔恨』に身をゆるがす」（小西甚一著『梁塵秘抄考』）、という解釈です。こうなりますと、さきほどの素人的解釈とは打って変わって、遊女の宿命的な悲劇の歌というイメージが正面に立ち現われてきます。平安時代末期の遊女が、わが身の職業的宿業を憂えてうたった歌だ、というわけです。この歌が、遊女のつくったものだという点では、大多数の専門家の意見は一致していますので、それには従わざるを得ないと思います。

子供の声

第二説。「他方、子供の声は単なる純真無垢ではなくて、浄土を象徴すると考え（67『童子の戯れ遊びまで、仏に成るとぞ説いたまふ』）、感動の内容を欣求浄土」と解釈すべきだとする説です（横井清著『中世民衆の文化』）。つまり、子どもの遊び戯れる声は浄土の世界からの声と同じだから、その声を聞いていると、どうしても浄土に行きたくなってきて、じっとしてはいられなくなってくる、という次第です。平安時代末期の仏教思想「厭離穢土、欣求浄土」というような浄土思想をつよく反映した歌である、という解釈です。

浄土の世界

「遊び」は人間の本質

第三説。「しかしこの二説は、どちらも、『遊びをせんとや生れけむ、戯れせんとや生れけむ」の『生れけむ』を十分に考慮していないように、思われる。『生れけむ』は、遊びや戯れが生得であることを強調する。遊女になったことは悔むことができるだろうが、遊女として生れたことは女にとって悔みようがないだろう。子供の声から欣求浄土へというのは、説得的な議論であるが、このことと生れつきの遊び・戯れへの傾向とは、直接につながらない。この歌は、浄土の話ではなかろう、と私は考える」というのが加藤周一氏の解釈です。

そして、さらに西郷信綱氏（『梁塵秘抄』）が遊女の歌として、「子供たちの遊びの歌声を聞くと、みずからも唄いだしたくなる光景であろうというのに、私は賛成したい」と続けます。「なぜ唄いだしたくなったのか。主人公が生れつき歌舞音曲を好み、遊女になった女ではなく、生来の遊女だからである。そう解してはじめて、『遊びをせんとや生れけむ』が利いて来るだろう」と説きます。ここまでゆきとどいた読み解きがなされますと、もはや人間のかなしき「性」を思わずにはいられません。

『生れけむ』

加藤周一

生来の遊女

「老人」

人間の本質

が、いささか気になりますことは、加藤周一氏が「生来の遊女だから」と読み切っている点です。たしかに、そう読み切ることによってこの歌のイメージは鮮明に浮かび上がってきます。しかし、「生来の遊女」と断定しなくてもこの歌は十分に多くの人びとの心をとらえるだけの普遍性を持ち合わせているように思われます。たとえば、この歌の作者を遊女ではなく「老人」だとする解釈も可能なのだそうです。それは、この歌の末尾の句「わが身さへこそ動《ゆる》がるれ」を重視する立場です。つまり、もう年老いてからだの自由を奪われてしまったわたしですら、無邪気に遊んでいる子どもたちの声を聞くと、ふたたび遊び心がよみがえってくる、という読み取り方です。この立場をとりますと、「遊び」や「戯れ」こそ人間の本質なのだから、けして軽んじてはなりませんよ、むしろ、これらを前提にした人間理解が肝要であり、その上に立つ生活や文化が創造されてこそ意味がある、ということになってきます。この立場は、まさに「労働」こそ人間の本質規定であるとするマルキシズムの対極に立つもの、ということになります。

中国語訳と英語訳をみると……

さて、加藤周一氏の前掲の本のなかに、この歌の中国語訳と英訳が紹介されていますので、それを引いてみたいと思います。

生来蓋為戯　生来蓋為嬉　聞得児戯嬉　心揺難可已

（訳者は銭稲村、Chien T'ao-sung。「日本詩歌選」文求堂書店、１９４１年）

中国語訳

残念ながら、筆者には中国語の素養がありませんので、翻訳のできばえを論評するだけの資格はありません。が、全体の印象としては、中国語訳の方はずいぶんあっさりしたものに感じられます。日本語の古語のもつ独特のねばっこさとイメージ空間のひろがりがこれでうまく表現されているのだろうか、と勝手な想像をしてしまいます。もっとも、今様を、同じ日本語の現代語に翻訳しても同じことが言えそうですが……。

つぎに英訳の方を見てみましょう。

英訳

For sport and play
I think that we are born.
For when I hear
The voice of children at their play,

My limbs, even my
Stiff limbs, are stirred.」
（訳者はArthur Waley。Donald Keene, Anthology of Japanese Literature, Grove Press, New York, 1955.)

単純明快さ

この単純明快さは眼を見はらせるものがあります。巧みな英語表現もまた、なかなか味わいのあるものだ、と感心してしまいます。この英訳のさいごの一句は「わが手足、わが硬くなった手足さえも、動かされる」というのですから、作者は「遊女」に限定しないで、ひろく「老人」という解釈をとっているように思われます。

「sports」ではなく「sport」であることの意味

「sport」

この英訳で筆者が注目したいことばは「sport」です。ここでは「sports」ではなく「sport」と単数が用いられていることに注目したいのです。こんにちでは完全な日本語になってしまった「スポーツ」からは単数と複数の使い分けは不可能ですし、第一、日本語では単数と複数を使い分ける言語習慣がありません。しかし、英語でいう「sport」と

単数と複数

「sports」では大違いです。

ちなみに、sportということばを、できるだけ大きな辞典で引いてみますと面白いことがわかってきます。O.E.D.(Oxford English Dictionary)などで引いてみますと、一日中読んでいてもあきないほど面白い用例がつぎからつぎへと出てきます。いま、それを全部追うだけの余裕はありませんので、日本の英和辞典に紹介されている主な訳語だけをここに引いてみたいと思います。

O.E.D.

①運動競技、スポーツ、②運動会、競技会、③娯楽、慰み、気晴らし、④冗談、ふざけ、戯れ、⑤おもちゃ、もてあそび物、⑥笑い種、⑦スポーツ愛好者、⑧潔い人、気さくな人、⑨勝負事の好きな人、ばくち打ち、⑩きざな人、プレイボーイ、⑪恋の戯れ、性的遊戯、⑫突然変異、変種(以上、『新英和大辞典』研究社、１９８０年、による)。

これだけの語釈を眺めてみますと、英訳が複数ではなくて単数を用いていることの意味がはっきりしてきます。「For sport and play」という単純明解な表現が、じつは日本語の古語としての「遊び」や「戯れ」の背後にある性的な響きをもみごとにクリアし得ていることがわかります。

語釈

性的な響き

さいきん、街中で「I'm a sport」とか、「I like sport」とプリントされたTシャツを着て、堂々と歩いている女性に出会い、思わず「めまい」を起こしそうになったことがあります。

古風な英語として解釈された場合のことを、当のご本人たちは考えたことがあるのだろうか、と思ったり、はたまた、意図的にこのようなTシャツを着ているとしたら、「なんと風流な」と思ってみたり、わたしのこころは複雑です。

女盛りとスポーツ盛りの一致

女の盛《さか》りなるは、十四五六歳《さい》廿三四とか、三十四五にし成《な》りぬれば、紅葉《もみじ》の下葉《したば》に異《こと》ならず。三九四（71頁）

34、35歳になると女性は「紅葉の下葉」と同じだ、というのですから、現代のわたしたちからほど遠い女性観がこの時代にはゆきわたっていたようです。女性の「盛り」は14、15歳から23、24歳までだ、という考え方はどこからきているのでしょうか。それにひきかえ、いわゆる「男盛り」はもっとずっと年齢が遅いのはどうしてでしょうか。そして、この男女の「盛り」の年齢差は基本的にはこんにちでもそれほど大きく変わってはいません。

それは多分、女性の早熟と男性の晩熟が深くかかわっているように思われます。このことはもっぱら肉体的な条件によっているといってよいと思います。しかし、身体的に早熟

女性の「盛り」

「男盛り」

である女性はそれだけ早く大人の仲間入りをすることになり、社会的参加も男性よりは早くなることを意味します。一方、男性は身体的に晩熟ですから、いつまでも子どもあつかいをされます。その代わり、女性は早熟であると同時に身体的なピークを越すのも早く、男性とは著しい相違を示します。

スポーツ界

以上のことは、こんにちのスポーツ界を見わたしてみるだけでも十分に説明ができます。たとえば、体操競技や水泳競技などではきわ立っています。体操の女子選手などは、まさに「十四五六歳廿三四」がそのままピタリと当てはまります。この年齢幅からはみ出して、世界のトップに躍り出てくるような体操の女子選手は、まず例外と考えてよいでしょう。それとほぼ同じことが水泳競技の女子選手にも該当します。

「身体的活動能力」「社会的活動能力」

平安時代末期の「女盛り」の年齢と現代の女性の「スポーツ盛り」の年齢がピッタリ一致するというのも、その内実が「身体的活動能力」に求められているのですから当然といえば当然の話です。男の場合は、身体的晩熟に加えて「社会的活動能力」が男盛りの目安とされるのですから、女性よりもはるかに遅くて当然ということになます。

遊女《あそび》の好《この》もの、雑藝鼓《つづみ》　小端舟《こばしぶね》、簦《おほがさ》翳《かざし》艫取女《ともとりめ》、男《をとこ》の愛祈《あいいの》る百太夫。三八〇（69頁）

この歌に関する加藤周一氏の解釈はつぎのようです。

> 「好むもの」は欲するもの、必要とするものである。「雑芸」の範囲は明瞭ではないが、今様など各種の歌謡を含んでいたにちがいない。「小端舟」は小舟、遊女は川すじに住む者が多く、小舟を遊人の舟に漕ぎ寄せて、媚びを売った。その様子を細かく描くのが『法然上人絵伝』であるとして、西郷氏の『梁塵秘抄』は複製写真を掲げる。それによれば、法然上人の座船は屋形舟で、僧侶七、八人を乗せる。それに漕ぎ寄せる遊女の舟は小さく、坐せる遊女一人、陽除けの傘をさしかける女一人、立って漕ぐ女一人（艫取女）の三人を乗せて、まさにこの歌にいう通りである。

雑芸

遊女の舟

池や川に舟を浮かべて舟遊びをする——平安時代の貴族社会が楽しんだ代表的な遊びの一つといわれています。人びとはひたすら「極楽浄土」を願っていましたから、大きな寺では浄土の世界を再現する池を掘りめぐらし（その多くは「心」の文字を池の形に具象化）、その池に舟を浮かべて歌舞音曲を楽しみ、浄土の世界にひたったといわれます。川もまた浄土の延長線上にとらえられていたのでしょうか。しかし、川はもはや寺の境内の池とは違い、一般の公の空間ですから、遊人をターゲットとするプロの「遊女」が出没するのは自然の

「極楽浄土」

成り行きということでしょう。

後白河天皇の今様の先生は遊女

ところで話が前後してしまいましたが、この『梁塵秘』は後白河天皇（1127~1192）が平安時代に唱われていた歌謡、すなわち「今様」の歌詞を集めて編んだものです。あの悪名高き院政をしいた後白河天皇が、なぜか今様の大ファンで「そのかみ十余歳の時より今に至るまで、今様を好みて怠る事なし。……四季につけき折を嫌はず、昼は終日《ひねもす》に謡ひ暮らし、夜は終夜《よもすがら》謡ひ明かさぬ夜はなかりき」とみずから書き残すほどの熱の入れようで、一生をかけて今様に入れあげたと言っても過言ではありません。その異様なほどの情熱・執着心がこの『梁塵秘抄』を編む原動力となっていました。

そんなわけですから、法皇の周辺の貴族たちも好んで今様を唱っていました。が、不思議なのは、法皇や貴族の今様の先生は「白拍子であり、遊女であり、傀儡《くぐつ》」でした。しかも、今様を生みだしたのは宮廷社会ではなく、それ以外の下層の人びとであったという点です。要するに、平安時代の下層民が好んで作り、唱っていた今様を法皇みずからが、遊女らに手ほどきを受けて熱唱していた、という不思議な現象がこの時代にあったというこ

後白河天皇

白拍子

遊女の身分

とです。ただ、最近の研究によれば、この時代の遊女は必ずしも身分が低かったわけではなかったようです（網野善彦説）から、その点は少し訂正が必要のようです。

いずれにしましても今様というものが伝承され、育まれてきた事情には以上のような背景がありましたので、この時代の風俗をさぐるという意味では、第一級の資料価値を持っている、と考えてよいでしょう。以下には、そうした手がかりを提供してくれそうな今様をできるだけ多く引いてみたいと思います。

法華

法華は何《いづ》れも尊《たうと》きに、此《こ》の品きくこそあはれなれ、尊《たうと》けれ、童子《どうじ》の戯《たはぶ》れ遊《あそ》びまで、佛《ほとけ》に成《な》るとぞ説《と》いた給《たま》ふ。六七（22頁）

童子の戯れ

古童子《いにしへどうじ》の戯《たはぶ》れに、砂《いさご》を塔《たう》となしけるも、佛《ほとけ》になると説《と》く經を、皆《みな》人持《たも》ちて縁結《えんむす》べ。六八（23頁）

戯《たはぶ》れ遊《あそ》びの中《うち》にしても、先《さき》らに學《まね》びん人をして、未来の罪《つみ》を盡《つく》すまで、法華に縁《えん》をば結ばせん。一六七（38頁）

ここに出てきます「戯れ」や「遊び」はそれぞれに異なる意味内容を持っていますが、仏教との縁結びを説いている点で共通しています。しかし、それらをsportということばでくくることは可能ですので、この時代のsportがいかに仏教思想の影響をつよく受けていたかという重要な手がかりを、さきの三首は示唆してくれているように思います。

縁結び

興宴は「浄土の遊び」

嵯峨野の興宴《けうえん》は山《やま》たうかつらまうまう車田《くるまだ》、二條河原《にでうかはら》、龜山法輪《かめやまほうりん》や、大堰河《おほゐがわ》、淵《ふち》々風《かぜ》に神《かみ》さび松尾《きつのを》の、最初《さいそ》の二月《きさらぎ》の初午《はつうま》に富配《とみくぼ》る。三〇八（58頁）

興宴

初午

嵯峨野《さがの》の興宴《けうえん》は、鵜舟筏師《うぶねいかだし》流《なが》れ紅葉《もみぢ》、山蔭響《やまかげひび》かす箏《しやう》のこと、浄土の遊《あそび》に異《こと》ならず。三〇九（59頁）

浄土の遊び

嵯峨野《さがの》の興宴《けうえん》は、野口《のぐち》うち出《い》でて岩崎《いはさき》に、禁野《きむや》の鷹飼敦友《たかかひあつとも》が、野鳥合《のとりあは》せしこそ見《み》まほしき。三五六（65頁）

嵯峨野の興宴は、にはじまる歌三首を引いてみました。このように興宴に「浄土の遊び」を重ね合わせてイメージしていたという点が、現代のわたしたちとは根本的に違っていることがわかります。

四方の靈驗所は、伊豆の走井《はしりゐ》、信濃《しなの》の戸隠《とがくし》、駿河《するが》の富士《ふじ》の山《やま》、伯耆《はわき》の大山、丹後の成相《なりあひ》とか、土佐《おさ》の室生《むろふ》と讃岐《さぬき》の志度《しど》の道場とこそ聞け。三一〇（59頁）

霊験所

道場

おなじみの山の名前が出てきますが、たとえば、この時代の戸隠がいかに人里離れた近寄りがたい所であったかを想像してみますと、霊験所と呼ばれる意味もはっきりしてくると思います。日本の登山は、修験者たちによって道が切り開かれ、信仰登山によって徐々に大衆化に向います。ここにも、この時代の神仏の考え方と切り離しては存在し得なかった日本の登山の黎明期の問題が重くのしかかってきます。そして、さらに分け入っていきますと、バナキュラーな土着の神道と国家神道、そこに外来の仏教がからんだ、大きくは三つ巴の不思議なバランスのなかで「山登り」が成立していることがわかってきます。この問題は、ひとり「山登り」の問題だけではなく、ひろくこの時代の「遊び文化」＝sport全般を規定した、きわめて重要な問題であることを強調しておきたいと思います。

信仰登山

三つ巴

引用図書一覧

『イーリアス』下・ホメーロス著、呉茂一訳
岩波文庫（昭和三三年九月五日第一刷発行、昭和四九年一月二〇日第一五刷発行）

『ヒッポリュトス』―パイドラーの恋―　エウリーピデース作・松平千秋訳
岩波文庫（1959年6月5日第1刷発行、1987年2月16日第15刷発行）

『仕事と日』　ヘーシオドス著、松平千秋訳
岩波文庫（1986年5月16日第1刷発行、1988年5月16日第3刷発行）

『ナラ王物語』―ダマヤンティー姫の数奇な生涯―　マハーバーラタ著　鐙　淳訳
岩波文庫（1989年11月16日第1刷発行、1997年6月16日第8刷発行）

『ゲルマーニア』　タキトゥス著、泉井久之助訳註
岩波文庫（1979年4月16日改訳第1刷発行、2004年6月15日第29刷発行）

『古事記』　倉野憲司校注
岩波文庫（1963年1月16日第1刷発行、1984年3月10日第28刷発行）

『訓読　日本書紀』中　黒板勝美編
岩波文庫（1931年3月5日第1刷発行、1941年12月15日第11刷改版発行、1987年11月5日第15刷発行）

『訓読　日本書紀』下　黒板勝美編
岩波文庫（1932年12月25日第1刷発行、1944年2月20日第11刷改版発行、1987年11月5日第13刷発行）

『ベーオウルフ』―中世イギリス英雄叙事詩―　忍足欣四郎訳
岩波文庫（1990年8月16日第1刷発行）
『ローランの歌―狐物語』　佐藤輝夫訳
ちくま文庫（1986年10月28日第1刷発行）
『ニーベルンゲンの歌』前編　相良守峯訳
岩波文庫（1955年8月5日第1刷発行、1975年1月16日第18刷改版発行、1976年6月10日第21刷発行）
『カンタベリ物語』上　チョーサー著、西脇順三郎訳
ちくま文庫（1987年4月23日第一刷発行）
『カンタベリ物語』下　チョーサー著、西脇順三郎訳
ちくま文庫（1987年5月27日第一刷発行）
『第一之書　ガルガンチュワ物語』　フランソワ・ラブレー作、渡辺一夫訳
岩波書店（1984年5月23日第1刷発行）
『フィンランド叙事詩　カレワラ』上　リョンロット編、小泉　保訳
岩波文庫（1976年8月16日第1刷発行、1985年4月5日第4刷発行）
『フィンランド叙事詩　カレワラ』下　リョンロット編、小泉　保訳
岩波文庫（1976年10月18日第1刷発行、1985年4月5日第4刷発行）
『新訂　梁塵秘抄』　佐佐木信綱校訂
岩波文庫（1933年8月30日第1刷発行、1941年7月25日第7刷改版発行、2005年2月15日第59刷発行）

「あとがき」

古くから言い伝えられ、語りつがれてきた話をもとに記録・創作されてきた文学を「伝承文学」というコンセプトでくくり、それらの作品のなかで「スポーツ文化」はどのように語られてきたのか、を考えてみました。当然のことながら、話の内容は古い神話時代の神々の話からヨーロッパ中世のキリスト教世界の話にいたる、いわゆる「前近代」のことがらばかりです。そこに見出される「スポーツ文化」は、いわゆる「近代スポーツ」になる前の、素朴でのどかな原初の姿です。言ってしまえば、スポーツ文化の「原風景」とでも言うべき情景ばかりです。

そこに見られるものは、ちょうど、「決闘」や「果たし合い」といった命懸けの血みどろの「力くらべ」の段階にあるもの、あるいは、ようやくその段階から抜け出そうとするような「移行期」にあるもの、そして、その段階から抜け出して、まさに、「命」と「怪我」を抑圧・排除・隠蔽する「力くらべ」、すなわち「スポーツ」へと移行するスポーツ文化、といったようなさまざまな「過渡期」の現象にに立ち会うような楽しさがあります。しかも、神々の世界にあっては、だれはばかることのない自由奔放で開放的な「エロティシズム」が横溢しています。こんな世界を覗き見していますと、「死」と「エロティシズム」と「禁止」こそが動物から人間を分かつ原動力になったのだ、というバタイユの言説を想起せずにはいられません。つまり、人間としての「文化」の発生の現場です。だとしたら、「死」と「エロティシズム」と「力くらべ」が渾然一体となったところ、そここそが「スポーツ文化」の立ち上がる始原の「場」ではなかったか、とこれらの作品を読んでみてしみじみと思います。そこはまた、計算も打算もないむきだしの「力の一撃」が100%保証された世界、すなわち、「正義」の立ち現れる始原の「場」でもあった、と。つまりは、始原の「暴力」(バイオレンス)=「力の一撃」が立ち現れる「場」、というわけです。

この「正義」に歯止めをかけるかのようにして、さまざまな「禁止」条項が加えられていきます。それまでは、「正邪」の決定は神々の領域のことであって、人間が関与すべきものとは考えられていませんでした。しかし、その領域に人間が割り込んでいくことになります。それがスポーツ文化にあっては、「死」と「怪我」の排除という「禁止」条項の設定です。すなわち、人為的な「ヒューマニズム」という名の新しい「暴力」装置の誕生です。それが、それが花開いて一つの文化としてヨーロッパ中世を特徴づけることになった「キリスト教ヒューマニズム」という考え方(=ドグマ)です。「人間の命を大切にしましょう」という呼びかけに異を唱える人はいません。がしかし、この美しい「呼びかけ」にはさまざまな「思惑」がありました。そこには、計算も打算もあり、あの手この手の戦略さえ組み込まれていました。このようにして、ヨーロッパ産の近代スポーツのお膳立てが着々となされていきます。

ここまでが本書で扱った「伝承文学」のテリトリーです。

こんなことを考えながら本書の原稿の整理をしていますと、わたしの脳裏にはいやおうなしにこんにちの「ドーピング問題」のことがよぎります。「アンチ・ドーピング」と言う、こんにちの「ヒューマニズム」運動の前で、真っ正面から異を唱える人はまずいません。「ドーピング」に賛成ですか、反対ですか、と問われればだれもが「反対」と言わざるを得ません。これが、こんにちの「世論調査」という名のマニピュレーションです。このようにして、「アンチ・ドーピング」運動の合理化がおこなわれます。しかし、「ドーピング問題」ということがらの本質をよくよく考えていくと、ことほど左様に単純ではありません。誤解を恐れず書き記しておけば、「アンチ・ドーピング」運動には、ことばの正しい意味での「正義」はありません。いったい、だれの名のもとに「ドーピング」を「禁止」する、というのでしょうか。あるとすれば、「正当性」だけです。つまり、多数の合意をとりつけている、多数の支持者がいる、という民主主義の原則に立っての「正当性」のみです。そして、民主主義の原則は、少数の「正義」「正論」をいとも簡単に「切り捨てて」いきます。

わたしたちは、いま、この現場に立ち合っています。

この問題を突き詰めていきますと、ますますドロドロしたところに踏み込んで行ってしまいます。近くは、湾岸戦争以後の「戦争」を考えてみれば明らかです。そこには、ある種の「正当性」は認められるものの、どこぞの大統領が主張するような「正義」のかけらも認めることはできません。「われわれは大量破壊兵器を持つ資格があるが、お前たちにはない」というような「暴論」がどうどうと世界を闊歩している時代です。しかも、それが「正義」の名においで……。それが民主主義を標榜し、その制度を多数派工作のために悪用してきた、文明先進国の真の姿なのです。

この本はたんなる「スポーツ文化論」を述べているにすぎません。しかし、「正義」や「暴力」、そして「審判」「フェア・プレイ」などが立ち現れる始原の「場」をいくつも紹介していきます。スポーツ文化の始原の問題は考えれば考えるほど「普遍」の問題に通底していきます。

ひとり「スポーツ文化」の面白・奇怪しい現象などと考えないで、ここにこそ人間が生きる「生」の根源の問題がいくつも提示されているのだ、と受け止めていただけると幸いです。

今回もいろいろの方々のお世話になりました。いちいち名前を列挙することは差し控えさせていただきますが、この場をお借りしてお礼を申し述べたいと思います。ほんとうにありがとうございました。これからも叱咤激励してくださるようお願いいたします。

さいごに、この本を届けてももはやそれがなにであるかすらも判断できないほどに衰えてしまった母に、心安らかでいてくれることを祈りつつ……。

２００５年7月吉日

つぎなる峠への思いを込めて

稲垣正浩

※この本に収められた論考はすべて月刊誌『月刊体育施設』（体育施設出版）に連載中のものからの転載です。
それらの掲載年月はつぎのとおりです。

『イーリアス』１９８２年８月
『ヒッポリュトス』１９９２年10月
『仕事と日』１９９３年８月
『ナラ王物語』１９９０年４月
『ゲルマーニア』１９８７年12月
『古事記』１９８５年５月
訓読『日本書紀』１９８８年９月
『ベーオウルフ』１９９３年11月
『ローランの歌』１９８７年１月
『ニーベルンゲンの歌』１９８３年１月
『カンタベリ物語』１９９８年５月、７月
『第一之書ガルガンチュワ物語』１９９１年10月、11月
『カレワラ』１９８４年１月
『新訂　梁塵秘抄』１９８９年３月

稲垣正浩（いながき・まさひろ）

日本体育大学大学院教授。1938年生まれ。愛知県出身。スポーツ史専攻。東京教育大学大学院教育学研究科博士課程単位取得退学。著書に『スポーツ文化の脱構築』『児童文学のなかにスポーツ文化を読む』『スポーツ文化の〈現在〉を探る』（編著）『伝記文学のなかにスポーツ文化を読む』『現代思想とスポーツ文化』（編著）『紀行文学のなかにスポーツ文化を読む』『テニスとドレス』『宗教文学のなかにスポーツ文化を読む』『ウィーンの生涯スポーツ』『評論文学のなかにスポーツ文化を読む』『身体論-スポーツ学的アプローチ』（以上、叢文社）、『スポーツの後近代』『スポーツを読む（全3巻）』（以上、三省堂）、『最新スポーツ大事典』（共著）『三訂版・近代体育スポーツ年表』（共著）『図説スポーツの歴史』（共著・以上、大修館書店）、『体育スポーツ人物思想史』（共著・不昧堂出版）、『図説スポーツ史』（共著・朝倉書店）、など。訳書に『テニスの文化史』（共訳）『入門スポーツ史』（以上、大修館書店）、『体育の教授学』『体育の方法学』（以上、不昧堂出版）、など。

スポーツ史学会会長。

『伝承文学のなかにスポーツ文化を読む』

発　行／2005年９月20日　第1刷
編　著／稲垣正浩
発行人／伊藤太文
発行元／株式会社叢文社

〒112-0003
東京都文京区春日2-10-15
TEL 03-3815-4001
FAX 03-3815-4002

編　集／佐藤公美
印　刷／P-NET信州

定価はカバーに表示してあります。
乱丁・落丁についてはお取り替えいたします。

ISBN4-7947-0532-8

「スポーツ学選書」発刊のことば

21世紀を迎え、スポーツをめぐる情況は、20世紀とは明らかに異なる新展開をみせている。しかも、急ピッチである。とりわけ、インターネットの普及によるスポーツ文化全体におよぼす影響の大きさは計りしれないものがある。それは、まるで、スポーツ文化全体が未知なる世界に向けて、大きく羽ばたこうとしているかにみえる。

こうしたスポーツ情況の驚くべき進展に対して、スポーツの「学」は旧態依然たるままである。20世紀の後半に著しい進展をみた「スポーツ科学」は、当初の総合科学としての心意気を忘れ、いまや、狭い実験・実証科学の隘路に陥ろうとしている。のみならず、スポーツ現場の最先端で陣頭指揮に立つ監督・コーチの経験知を、非科学的という名のもとに排除する。

時代は、もはや、このような偏狭なセクショナリズムにとらわれている猶予はない。いまこそ、スポーツ現場の経験知と、実験・実証科学の研究成果と、スポーツ文化・社会科学の研究成果とを一つに結集して、社会に還元していくことが急務である。かくして、これら三つのジャンルを一つに束ねる新しい「学」として、われわれは「スポーツ学」を提唱する。

われわれは、この意味での「スポーツ学」の擁立に賛同する人びとに広く呼びかけ、スポーツに関する最新の「知見」を集積し、公刊することを目指す。名づけて「スポーツ学選書」。

大方のご叱正、ご批判をいただければ幸いである。

2001年3月

叢文社